Libro del profesor

Nivel 1

A1

MUESTRA GRATUITA

María Ángeles Palomino

edelsa
GRUPO DIDASCALIA, S.A.

Este es un curso de español para jóvenes que parte de las aportaciones de dos documentos oficiales:

- del *Marco común de referencia*, que ofrece unas pautas metodológicas y describe los niveles de dominio de todas las lenguas,
- y de los *Niveles de referencia para el español*, que fijan los contenidos lingüísticos y socioculturales de cada uno de esos niveles.

Así, propone una metodología innovadora y actual porque aplica un enfoque por competencias y porque realiza una enseñanza que va dirigida a la acción. Al mismo tiempo, se ajusta tanto a los descriptores de niveles oficiales, como a los planes de estudio de la Enseñanza Secundaria. Y, por último, es un novedoso material didáctico que se adapta a las necesidades del aula, ya que tiene en cuenta las sugerencias aportadas por los usuarios de la edición anterior de *Chicos Chicas*.

Estructura:

Tras una lección inicial de primer contacto con la lengua y la cultura, está constituido por seis módulos, cada uno de ellos articulado en las siguientes secciones:

- Página de entrada con los contenidos que se van a estudiar y las competencias que se van a desarrollar.
- Dos lecciones desarrolladas cada una en dos páginas en las que se presentan los contenidos en una muestra de lengua, se sistematizan en actividades de gramática y funciones, y se practican en actividades diversas.
- Una página de actividades lúdicas, **A divertirse**, para un refuerzo de los contenidos aprendidos.
- Una página de puesta en práctica y uso, **Acción**.
- Una doble página en la que se aborda el conocimiento de la cultura, se desarrolla la pluriculturalidad y se trabajan especialmente la comprensión lectora y la expresión escrita, **Magacín cultural**.
- Una doble página de recapitulación, **Prepara tu examen**.
- Y una página de autoevaluación, **Evalúa tus conocimientos**.

Al final del libro, ofrece un apéndice de las conjugaciones de los verbos trabajados en los módulos, una recapitulación de los cuadros de gramática y una sistematización de las funciones. Asimismo, presenta un Portfolio o autoevaluación siguiendo las recomendaciones del Consejo de Europa.

Como complemento para sus clases, dispone del libro de ejercicios con actividades de refuerzo y profundización.

El Libro del profesor

Con el presente libro queremos ofrecerle a usted, profesor o profesora de español para adolescentes, una herramienta útil para sus clases. Para ello le proporcionamos en un volumen único los siguientes componentes:

- El libro del alumno íntegro (de la página 4 a la 96) con las claves de todas las actividades, para que usted pueda disponer en clase de toda la información necesaria.
- Un *dossier* didáctico (de la página 97 a la 136) con pautas e ideas para llevar al aula el libro del alumno, con especial atención al tratamiento de las comprensiones y al desarrollo de las habilidades de expresión y producción; con una selección de ejercicios complementarios que usted podrá fotocopiar para sus alumnos y hacer así más amenas sus clases; y con dos modelos de exámenes parciales con los que podrá evaluar el rendimiento de sus alumnos.
- El cuaderno de ejercicios íntegro (para que sea más sencillo su uso en el aula, hemos mantenido la numeración de las páginas de forma independiente) con las claves de los ejercicios y actividades.

Asimismo, en www.edelsa.es/nuevochicoschicas.htm podrá consultar un *dossier* metodológico y actividades complementarias.

Módulo 1:
Presenta a tus amigos.
página 11

Módulo 2:
Celebra un cumpleaños español.
página 23

Módulo 3:
Haz una encuesta.
página 35

Competencia pragmática

▶ **Eres capaz de...**
- Saludar y despedirte.
- Presentarte.
- Preguntar y decir el nombre y la nacionalidad.
- Utilizar tú o usted.

▶ **Eres capaz de...**
- Hablar de los regalos y los objetos de tu clase.
- Preguntar y decir la edad.
- Preguntar y decir el día del cumpleaños.
- Decir una fecha.

▶ **Eres capaz de...**
- Presentar las actividades de clase.
- Preguntar y decir la hora.
- Hablar de las asignaturas.
- Explicar tu horario de clases.

Competencias lingüísticas

Competencia gramatical

▶ **Aprendes...**
- Los interrogativos: cómo, dónde.
- El presente de indicativo: llamarse, ser.
- Los pronombres sujeto.

▶ **Aprendes...**
- Los interrogativos: cuántos, qué, cuándo.
- Los artículos definidos.
- Los artículos indefinidos.
- El género de los nombres.
- El singular y el plural de los nombres.
- El presente de indicativo del verbo tener.

▶ **Aprendes...**
- El presente de indicativo: verbos en -ar, -er, -ir.
- El presente de indicativo: verbo hacer.
- Los interrogativos: qué, cuánto + verbo, cuántos / cuántas + nombre en plural, cuál es / cuáles son.
- La frecuencia: los lunes, los martes...

Competencia léxica

▶ **Conoces...**
- Los países.
- Las nacionalidades.

▶ **Conoces...**
- El material escolar.
- Los números del 1 al 31.
- Los días de la semana, los meses y las estaciones.

▶ **Conoces...**
- Las actividades de clase.
- Las asignaturas.

Competencia fonética

▶ **Pronuncias y escribes...**
- La frase interrogativa y exclamativa.

▶ **Pronuncias y escribes...**
- La sílaba acentuada de las palabras.

▶ **Pronuncias y escribes...**
- Las palabras con el acento en la penúltima sílaba.

Conocimiento sociocultural

▶ **Descubres...**
- El mapa cultural de España.

▶ **Descubres...**
- El ritmo escolar en España, las vacaciones y las fiestas.

▶ **Descubres...**
- El sistema educativo español.
- Los horarios escolares.

Módulo 4:
Describe tu vida cotidiana.

página 47

▸ **Eres capaz de...**
» Presentar las actividades cotidianas.
» Decir los colores.
» Expresar gustos.
» Dar la opinión: para mí, yo creo que...
» Expresar acuerdo y desacuerdo.

▸ **Aprendes...**
» Interrogativos: a qué y de qué.
» El presente de indicativo de:
  - verbos con pronombres: levantarse, ducharse...
  - verbo irregular: salir.
» Los colores: género y número.
» El verbo gustar y los pronombres personales.

▸ **Conoces**...
» Las actividades cotidianas.
» Los colores.

▸ **Pronuncias y escribes...**
» Las palabras con el acento en la última sílaba.

▸ **Descubres...**
» Los horarios cotidianos españoles.
» Cantantes famosos.

Módulo 5:
Presenta a tu familia.

página 59

▸ **Eres capaz de...**
» Presentar a tu familia.
» Describir personas: el físico.
» Contar hasta cien.

▸ **Aprendes...**
» Los adjetivos posesivos.
» El adjetivo calificativo.

▸ **Conoces...**
» La familia.
» Los adjetivos para describir el físico.

▸ **Pronuncias y escribes...**
» Las palabras con el acento en la antepenúltima sílaba.

▸ **Descubres...**
» La familia española.

Módulo 6:
Imagina tu habitación ideal.

página 71

▸ **Eres capaz de...**
» Describir tu casa.
» Situar en el espacio.
» Expresar existencia: decir qué hay.
» Dar una dirección postal.

▸ **Aprendes...**
» Hay + un/a, dos... + palabra en plural.
» El / la / los / las + está(n).
» Presente de indicativo: estar.
» Las expresiones de lugar.

▸ **Conoces...**
» La casa: habitaciones y elementos.
» La habitación: los muebles y objetos.
» Los ordinales: primero, segundo...

▸ **Pronuncias y escribes...**
» El acento escrito.

▸ **Descubres...**
» La vivienda en España.

O lección

1 ▶ Primer contacto con España

▶▶a **España y sus 17 comunidades.**

1. Galicia

2. Asturias

3. Cantabria

4. País Vasco

5. La Rioja

1. Galicia
- Santiago

2. Principado de Asturias
- Oviedo

3. Cantabria
- Santander

4. País Vasco
- Vitoria

5. La Rioja
- Logroño

6. Navarra
- Pamplona

7. Aragón
- Zaragoza

8. Cataluña
- Barcelona

9. Castilla y León
- Valladolid

10. Madrid
- Madrid

11. Castilla-La Mancha
- Toledo

12. Comunidad Valenciana
- Valencia

13. Islas Baleares
- Palma de Mallorca

14. Extremadura
- Mérida

15. Andalucía
- Sevilla

16. Región de Murcia
- Murcia

17. Islas Canarias
- Santa Cruz de Tenerife
- Las Palmas de Gran Canaria

6. Navarra

7. Aragón

8. Cataluña

9. Castilla y León

10. Madrid

11. Castilla-La Mancha

12. Comunidad Valenciana

13. Islas Baleares

1. Números, números.

a. Escucha y lee.
b. Escucha y repite.

> **1.** uno **2.** dos **3.** tres **4.** cuatro **5.** cinco **6.** seis **7.** siete
> **8.** ocho **9.** nueve **10.** diez **11.** once **12.** doce **13.** trece
> **14.** catorce **15.** quince **16.** dieciséis **17.** diecisiete

2. Las Comunidades y sus capitales.

a. Escucha el nombre de las Comunidades. Indica el número.

Castilla y León.

Nueve.

b. Observa el mapa y completa los nombres de las capitales en tu cuaderno.

c. Escucha y comprueba.

1. Galicia, Santiago de Compostela
2. Principado de Asturias, O V I E D O
3. Cantabria, Santander
4. País Vasco, V I T O R I A
5. La Rioja, Logroño
6. Navarra, P A M P L O N A
7. Aragón, Zaragoza
8. Cataluña, B A R C E L O N A
9. Castilla y León, Valladolid
10. Madrid, M A D R I D
11. Castilla-La Mancha, Toledo
12. Comunidad Valenciana, V A L E N C I A
13. Islas Baleares, Palma de Mallorca
14. Extremadura, M É R I D A
15. Andalucía, Sevilla
16. Región de Murcia, M U R C I A
17. Islas Canarias, Las Palmas de Gran Canaria, Santa Cruz de Tenerife

14. Extremadura

15. Andalucía

16. Región de Murcia

17. Canarias

Hola, me llamo...
»a **Escucha y lee.**

¡Hola! Me llamo Lorena y vivo en Salamanca.

¡Hola! Me llamo Lucas y vivo en Toledo.

¡Hola! Me llamo Pedro y vivo en Valencia.

Salamanca

Madrid

Toledo

Valencia

Córdoba

Sevilla

¡Hola! Me llamo Virginia y vivo en Córdoba.

¡Hola! Me llamo Carlos y vivo en Sevilla.

»b **Habla con tus compañeros.**

¡Hola! Me llamo Marta y vivo en Madrid.

¡Hola! Me llamo David. ¿Y tú?

Yo me llamo...

 **El** alfabeto

Canción del alfabeto.

»a Escucha la canción y lee las letras.

a b c ch d e f g h i j k l ll m n ñ o p q r s t u v w x y z

¿Cómo se escribe?

»b Lee las letras.

AZAORZAG   DADILOVLAL   DASNENART

ROCENABAL   GOÑOLRO

»c Ordena las letras y escribe el nombre de cinco ciudades españolas.

Zaragoza, Valladolid, Santander, Barcelona, Logroño.

Nueve amigos españoles.

»d Escucha los nombres. Indica el número.

Marta [7]   Susana [9]   Natalia [8]   Fabiola [1]

Elena [5]

Carlota [3]

Hugo [6]   Carlos [2]   David [4]

4 ► La pronunciación

»a Escucha y lee estos nombres españoles.
»b Escucha de nuevo y repite.

a	Armando	**n**	Natalia
b	Blas	**ñ**	Íñigo
c	Carmen, Nico, Pascual, Cristina, Cecilia	**o**	Ofelia
ch	Charo	**p**	Patricia
d	David	**q**	Quique
e	Elena	**r**	Ramón, Montserrat, Marina, Marta, Héctor
f	Felipe	**s**	Sara
g	Gabriel, Gustavo, Gregorio, Guillermo, Miguel, Gema, Gilda	**t**	Tomás
h	Hugo	**u**	Úrsula
i	Isidro	**v**	Verónica
j	Julia, Javier, José	**w**	Wenceslao
k	Iñaki	**x**	Roxana
l	Luis	**y**	Yolanda, Eloy
ll	Estrella	**z**	Gonzalo
m	Marta		

»c ¿Existen los mismos nombres en tu país?

2. ¿Cómo se pronuncia?
»a Escucha y observa.
»b Escucha de nuevo y repite.

b - v	Blas - Verónica
c + a/o/u/consonante - **qu** + e/i	Carmen, Cristina - Quique
c + e/i - **z** + a/o/u	Cecilia - Gonzalo
g + a/o/u/consonante - **gu** +e/i	Gabriel, Gregorio Guillermo, Miguel
g + e/i - **j** + a/e/i/o/u	Gema, Gilda - Julia, Javier, José
i - **y** (final)	Isidro - Eloy
ll - vocal + **y** + vocal	Estrella - Amaya

3. ¿Cómo se escribe?
»a Reconstruye, de memoria, ocho nombres del ejercicio 1.

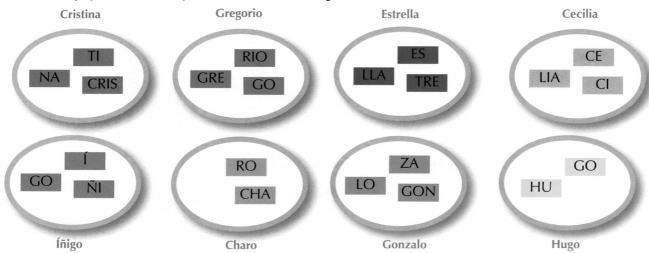

Cristina   Gregorio   Estrella   Cecilia

Íñigo   Charo   Gonzalo   Hugo

Módulo

Acción

PRESENTA A TUS AMIGOS

Competencia pragmática

▶ **Eres capaz de...**

» **Saludar y despedirte.**
» **Presentarte.**
» **Preguntar y decir el nombre y la nacionalidad.**
» **Utilizar** tú **o** usted.

Competencia gramatical

▶ **Aprendes...**

» **Los interrogativos:** cómo, dónde.
» **El presente de indicativo:** llamarse, ser.
» **Los pronombres sujeto.**

Competencias lingüísticas

Competencia léxica

▶ **Conoces...**

» **Los países.**
» **Las nacionalidades.**

Competencia fonética

▶ **Pronuncias y escribes...**

» **La frase interrogativa y exclamativa.**

Conocimiento sociocultural

▶ **Descubres...**

» **El mapa cultural de España.**

1 ▶ En un chat

Alicia y Sara conectan con Pedro.

▶a **Escucha y lee.**

Alicia: ¡Hola! ¿Eres Pedro?
Pedro: Sí. Y tú, ¿cómo te llamas?
Alicia: Me llamo Alicia.
Pedro: Hola, Alicia. Perdona, me voy a clase.
¡Hasta luego!
Alicia: ¡Adiós, hasta luego!

▶b **Relaciona.**

¿Qué dices para...?

1. Preguntar el nombre.   a. ¡Hola!
2. Decir tu nombre.   b. Me llamo...
3. Saludar.   c. ¡Adiós, hasta luego!
4. Despedirte.   d. ¿Cómo te llamas?

▶c **Preséntate.**

Hola, me llamo...

2 ▶ Saluda a tus amigos

▶a **Observa.**

¡Hola, buenos días!

¡Hola, buenas tardes!

¡Adiós, buenas noches!

 ▶b **Escucha y escribe la respuesta.**

¡Hola, Paloma, buenas tardes!

18:00

HUGO

1. PALOMA

09:30

¡Hola, Sonia, buenos días!

ALICIA   SONIA

2.

¡Hola, Antonio, buenas tardes!

15:45

ANTONIO

JAIME

3.

¡Hola, Macarena, buenas noches!

21:30

MACARENA

ALBERTO

4.

El primer día | de clase

¡Hola, buenos días!
▶a **Escucha y lee.**

ARTURO LAGO MUÑOZ
- *Arturo* es el nombre.
- *Lago Muñoz* son los apellidos.

Profesor:	¡Hola, buenos días!
Alumnos:	¡Buenos días!
Profesor:	Soy el profesor de Ciencias.
Alicia:	¿Cómo se llama?
Profesor:	Me llamo Arturo Lago Muñoz. Y vosotros, ¿cómo os llamáis?
Alicia:	Me llamo Alicia.
Sara:	Y yo, Sara.
Pedro:	Y yo, Pedro.
Alicia:	¿Te llamas Pedro?
Pedro:	Sí.
Sara:	¡Es Pedro, del chat!

▶▶b **Marca en tu cuaderno las formas del verbo llamarse en el diálogo.**

En el aula: ¿*Tú* o *usted*?

▶a **Observa.**

▶▶b **Completa los diálogos en tu cuaderno con las formas del verbo llamarse. Luego, escucha y comprueba.**

1. • *Julia:* ¿Cómo   te llamas ?
   • *Elena:*   Me llamo   Elena.

2. • *Elena:* ¿Cómo   se llama ?
   • *Profesora:*   Me llamo   Rosa Ríos Gil, soy la profesora de Lengua.

3. • *José:* ¿Cómo   se llaman ?
   • *Profesora:*   Yo me llamo   Sara Jaén Sáez, soy la profesora de Música.
   • *Profesor:* Y yo   me llamo   Juan Coseno Pérez, soy el profesor de Matemáticas.

gramática

	LLAMARSE	SER
(Yo)	me llamo	soy
(Tú)*	te llamas	eres
(Usted, él, ella)	se llama	es
(Nosotros/as)	nos llamamos	somos
(Vosotros/as)**	os llamáis	sois
(Ustedes, ellos, ellas)	se llaman	son

* En Argentina y en diversas zonas de América: *(Vos) te llamás, sos.*
** No se usa en América Latina. Solo se usa *ustedes*.

Como un español

▶a **Elige un nombre y dos apellidos españoles y practica.**

Chico	Chica	Apellidos		En clase
José	María	Pérez	Portilla	Profesor de…
Antonio	Lola	García	Escudero	Profesora de…
Carlos	Eva	Martínez	Torres	Estudiante.
Juan	Charo	Gil	Muñoz	

Buenos días. Yo soy Antonio Pérez Gil. Y usted, ¿cómo se llama?

Soy…

1 ▶ Ciudadano del mundo

▶▶a **Escucha y escribe en tu cuaderno los nombres de los países.**

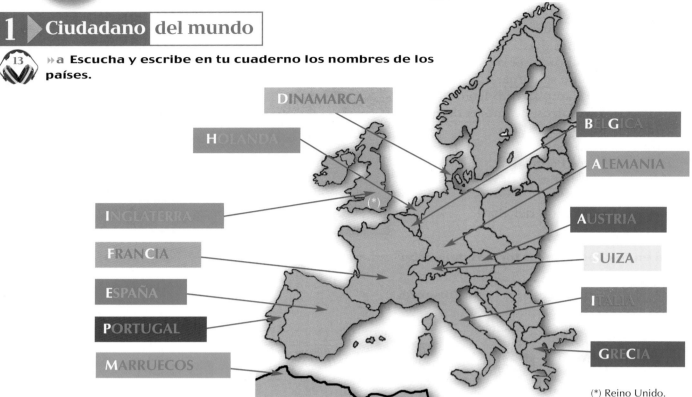

DINAMARCA

HOLANDA

BÉLGICA

ALEMANIA

INGLATERRA

(*)

FRANCIA

AUSTRIA

ESPAÑA

SUIZA

PORTUGAL

ITALIA

MARRUECOS

GRECIA

(*) Reino Unido.

▶▶b **¿Qué nombres de países puedes escribir con estas letras?**

E M U C A P Ñ B I

S F N R G T D L O

GRECIA

2 ▶ ¿De dónde eres?

▶▶a **Escucha diez nacionalidades, di el nombre del país y escríbelo en tu cuaderno.**

alemán / alemana	griego / griega
austríaco / austríaca	holandés / holandesa
belga / belga	inglés / inglesa
danés / danesa	italiano / italiana
español / española	portugués / portuguesa
francés / francesa	suizo / suiza

italiano, italiana:
Italia.

7. Alemania
5. Bélgica
2. Dinamarca
3. España
8. Francia
10. Grecia
4. Holanda
1. Italia
6. Portugal
9. Suiza

gramática

MASCULINO	FEMENINO
Terminada en consonante	**+ -a**
español - alemán	*española - alemana*
Terminada en -o	**-o cambia a -a**
italiano - griego	*italiana - griega*

Especial:
Terminada en -a: no cambia: *belga > belga*
Terminada en -e: no cambia: *canadiense > canadiense*
Terminada en -í: no cambia: *marroquí > marroquí*

▶ En América se habla español

a Escucha, señala los países en el mapa y completa el cuadro.

Perú:
peruano, peruana.

argentino **argentina**	cubano **cubana**
boliviano **boliviana**	estadounidense **estadounidense**
brasileño **brasileña**	mexicano **mexicana**
canadiense **canadiense**	peruano **peruana**
chileno **chilena**	uruguayo **uruguaya**
colombiano **colombiana**	venezolano **venezolana**

b ¿En qué países el español es lengua oficial?

Argentina, Bolivia, Chile, Colombia, Costa Rica, Cuba, Ecuador, El Salvador, España, Guatemala, Honduras, México, Nicaragua, Panamá, Paraguay, Perú, Puerto Rico, República Dominicana, Uruguay, Venezuela.

▶ Y tú, ¿de dónde eres?

a Elige un país. ¿De dónde eres?

DECIR LA NACIONALIDAD
- ¿De dónde eres?
- Soy española. ¿Y tú?
- Soy italiano.

▶ Futbolistas del mundo

a Observa, di los nombres y de qué nacionalidad son.

Zinedine Zidane (Francia)
Raúl González (España)
Ronaldo (Brasil)
David Beckham (Inglaterra)

El número diez se llama Zinedine y es francés.

El número nueve se llama Ronaldo y es brasileño.

El número cinco se llama Raúl y es español.

El número siete se llama David y es inglés.

¡A divertirse!

1 ▶ JUEGA CON LOS NÚMEROS

16

▶▶ **1. Escucha e identifica a cinco amigos de Verónica.**

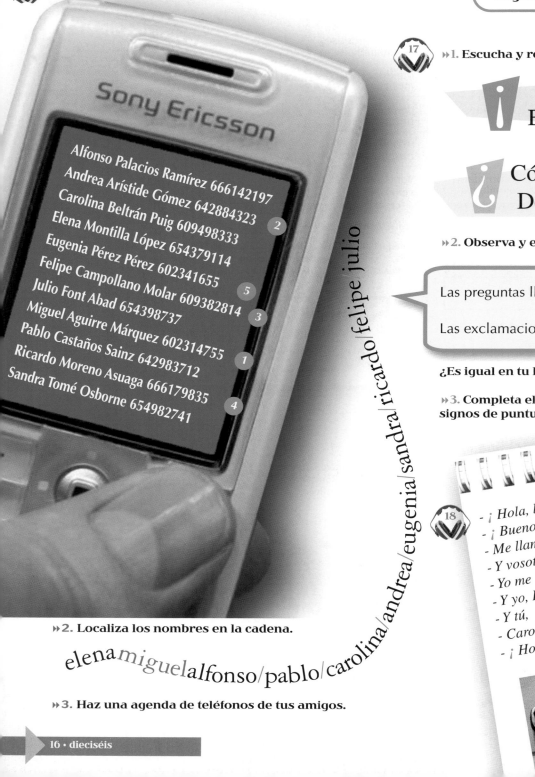

Alfonso Palacios Ramírez 666142197
Andrea Arístide Gómez 642884323
Carolina Beltrán Puig 609498333
Elena Montilla López 654379114
Eugenia Pérez Pérez 602341655
Felipe Campollano Molar 609382814
Julio Font Abad 654398737
Miguel Aguirre Márquez 602314755
Pablo Castaños Sainz 642983712
Ricardo Moreno Asuaga 666179835
Sandra Tomé Osborne 654982741

▶▶ **2. Localiza los nombres en la cadena.**

elenamiguelalfonso/pablo/carolina/sandra/ricardo/felipe julio

andrea/eugenia

▶▶ **3. Haz una agenda de teléfonos de tus amigos.**

2 ▶ JUEGA CON LOS SONIDOS

Signos de puntuación.

17

▶▶ **1. Escucha y repite.**

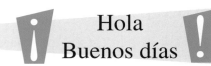

¡ Hola
Buenos días !

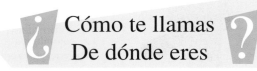

¿ Cómo te llamas
De dónde eres ?

▶▶ **2. Observa y elige la opción correcta.**

Las preguntas llevan ☒ ¿? ☐ ¡!

Las exclamaciones llevan ☐ ¿? ☒ ¡!

¿Es igual en tu lengua?

▶▶ **3. Completa el diálogo en tu cuaderno con los signos de puntuación.**

18

- ¡ Hola, buenos días ! Soy el entrenador.
- ¡ Buenos días ! ¿ Cómo se llama ?
- Me llamo Luis Serrano.
- Y vosotros, ¿ cómo os llamáis ?
- Yo me llamo Pablo.
- Y yo, Rafa.
- Y tú, ¿ cómo te llamas ?
- Carolina.
- ¡ Hola a todos !

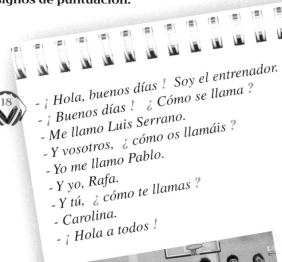

Acción

PRESENTA A TUS AMIGOS

1. Lee los *blogs* de Nacho y Marta y completa las fichas.

¡Hola! Soy Nacho y estos son mis *ciberamigos*.

John es mi *ciberamigo* estadounidense. Hablamos en inglés. Su dirección es jsmith12@yahoo.com
Noémie es belga. Noémie estudia español y yo, inglés y francés. Con ella hablo español y francés. Su dirección es noemie-

Me llamo Marta.

Estos son mis amigos:
Paola, pfarfarelli@hotmail.com, es italiana. Habla español muy bien. Peter, pmueller@yahoo.de, es alemán. Estudia inglés en el instituto. Hablamos en inglés.

Nombre y nacionalidad de los *ciberamigos*:

John es estadounidense y Noémie es belga

En el instituto estudia inglés y francés

Nombre y nacionalidad de los *ciberamigos*:

Paola es italiana y Peter es alemán

En el instituto estudia inglés

2. Di si es verdadero o falso.

	V	F
1. Nacho estudia francés en el instituto.	X	
2. John es inglés.		X
3. Marta habla alemán.		X
4. Noémie es francesa.		X

Acción

Ahora, haz tu *blog* y presenta a tus amigos. Indica el país, los nombres y en qué idiomas hablas con cada uno de tus amigos.

MAGACÍN CULTURAL

info

música

cartelera

no...

1. ¿Qué sabes de España?

1. Mini-test geográfico.

a. España tiene…
- [X] más de 40 millones de habitantes.
- [ ] menos de 40 millones de habitantes.

b. En España se habla…
- [ ] una lengua.
- [X] cuatro lenguas.

c. Juan Carlos I y Sofía son los Reyes de España:
- [X] verdadero.
- [ ] falso.

d. La bandera de España es…
- [X] a
- [ ] b

a. 🏴 b. 🏴

e. La moneda de España es…
- [ ] la peseta.
- [X] el euro.

2. Lee a Virginia y comprueba tus respuestas.

Océano Atlántico

Santiago de Compostela

GALICIA

Marisco Peregrinos

Os PRINCI DE AST

Teatro rom

EXTREM

Cerdos

La Gi

Flamenco

Los Reyes de España.

http://www.forocultural.com

Extensis - F...op Plug-ins Apple España Amazon eBay Yahoo! Noticias ▾

Ver mensajes sin respuesta

Foros de discusión

Los jóvenes hablan de su país

¡Hola! Me llamo Virginia. Vivo en España, en Córdoba, en Andalucía. En España somos más de 40 millones.
Mi mejor amiga se llama Belén y vive en Santiago de Compostela, en Galicia. Habla español y gallego. Mi amigo Alfonso vive en Barcelona, en Cataluña, y habla español y catalán. En España se habla español, pero también catalán, gallego y vasco.
Los Reyes de España son Don Juan Carlos y Doña Sofía.
La moneda es el euro.

Habla de tu país
» enviar

ISLAS CANARIAS Océano Atlántico

Plátanos

Dromedarios

El Teide

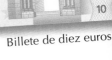

Billete de diez euros

Descubre España

Pesca
Museo Guggenheim
uevas de Altamira
NTABRIA
PAÍS VASCO
ILLA – ÓN
Encierro
NAVARRA
Pimientos
LA RIOJA
Esquiadores
Espárragos
ARAGÓN
Alubias
Sagrada Familia
industria textil
CATALUÑA
Aceite
El Pilar
DRID Museo del Prado
ISLAS BALEARES
Molinos
Quesos
Paella
Ensaimadas
Quijote Mancha
CASTILLA – LA MANCHA Ninot
Playas
COMUNIDAD VALENCIANA
Playas
Aceite
REGIÓN DE MURCIA
Naranjas
ita ÍA
Esquiadores
Productos de la huerta
Mar Mediterráneo
La Alhambra
Playas

2. El mapa de España.

1. Observa el mapa y responde a las preguntas.

a. **¿Cuántas comunidades hay en España?**

diecisiete

b. **¿En qué comunidad está…?**
- el Museo del Prado | Madrid |
- la Alhambra | Andalucía |
- el Pilar | Aragón |
- la Catedral de Santiago de Compostela | Galicia |

c. **Observa el nombre de los idiomas oficiales de España y deduce en qué comunidades se hablan…**
- el catalán. | Cataluña |
- el gallego. | Galicia |
- el vasco. | País Vasco |

d. **¿De dónde es…?**
- la paella. | C. Valenciana |
- Don Quijote. | Castilla-La Mancha |
- el flamenco. | Andalucía |

e. **¿Dónde están las islas Canarias?**

O. Atlántico

Interculturalidad

Ahora indica estos elementos de tu país y dibuja la bandera.
a. La capital.
b. Las ciudades más importantes.
c. La moneda.
d. El idioma oficial.
e. Las regiones.
f. Los monumentos.

Comunicación

Saludar

¡Hola! ¿Qué tal?   ¡Buenos días!   ¡Buenas tardes!   ¡Buenas noches!

Despedirse

Adiós.   Hasta luego.

Preguntar y decir el nombre

Tú

¿Cómo te llamas?   Me llamo Alicia, ¿y tú?

Usted

¿Cómo se llama?   Me llamo Alicia, ¿y usted?

Presentarse

Soy Raúl.   Soy la profesora de Inglés.

Identificar

¿Quién es?   Es Pedro.

Preguntar y decir la nacionalidad

¿De dónde eres?   Soy italiana. ¿Y tú?

Gramática

Interrogativos

▸ ¿Cómo **te llamas**? ¿De dónde **eres**?

Presente de indicativo

Los pronombres sujeto

	LLAMARSE	SER	HABLAR
(Yo)	me llamo	soy	hablo
(Tú)[1]	te llamas	eres	hablas
(Usted, él, ella)	se llama	es	habla
(Nosotros, nosotras)	nos llamamos	somos	hablamos
(Vosotros, vosotras)	os llamáis	sois	habláis
(Ustedes, ellos, ellas)	se llaman	son	hablan
[1] *(Vos)*	*te llamás*	*sos*	*hablás*

Vocabulario

▸ Países y nacionalidades

▸ Alemania	alemán	alemana
▸ Argentina	argentino	argentina
▸ Austria	austríaco	austríaca
▸ Bélgica	belga	belga
▸ Bolivia	boliviano	boliviana
▸ Brasil	brasileño	brasileña
▸ Canadá	canadiense	canadiense
▸ Colombia	colombiano	colombiana
▸ Cuba	cubano	cubana
▸ Dinamarca	danés	danesa
▸ España	español	española

▸ Estados Unidos	estadounidense	estadounidense
▸ Francia	francés	francesa
▸ Grecia	griego	griega
▸ Holanda	holandés	holandesa
▸ Inglaterra	inglés	inglesa
▸ Italia	italiano	italiana
▸ Marruecos	marroquí	marroquí
▸ México	mexicano	mexicana
▸ Portugal	portugués	portuguesa
▸ Suiza	suizo	suiza
▸ Venezuela	venezolano	venezolana

▸ Idiomas

▸ el alemán, ▸ el español, ▸ el francés, ▸ el inglés, ▸ el italiano.

▸ Identidad

▸ el apellido
▸ la nacionalidad
▸ el nombre
▸ el país

▸ Otras palabras

▸ la actividad
▸ la bandera
▸ el chico, la chica
▸ la clase
▸ el compañero, la compañera
▸ la conversación
▸ el cuaderno
▸ el diálogo

▸ la frase
▸ el habitante
▸ el idioma
▸ la ilustración
▸ el instituto
▸ el mapa
▸ las matemáticas
▸ la moneda

▸ el mundo
▸ el profesor, la profesora
▸ el rey, la reina
▸ el texto
▸ el verbo

Evalúa tus conocimientos.

1.

📚 **COMPRENDO UN TEXTO ESCRITO: DOS CHICOS SE CONOCEN.**

Ordena el diálogo.

El primer día de clase:

11	**1.**	Susana	*No, no.*
3	**2.**	Susana	*Me llamo Susana, ¿y tú?*
5	**3.**	Susana	*¿Tiago? ¿Eres español?*
9	**4.**	Susana	*Hablas muy bien el español.*
1	**5.**	Susana	*¡Hola! ¿Qué tal?*
7	**6.**	Susana	*¿Y de dónde eres?*
8	**7.**	Tiago	*Soy de Oporto.*
4	**8.**	Tiago	*Tiago.*
2	**9.**	Tiago	*¿Cómo te llamas?*
10	**10.**	Tiago	*Muchas gracias. Y tú, ¿hablas portugués?*
6	**11.**	Tiago	*No, soy portugués.*

2.

(19) 🎧 **COMPRENDO UN TEXTO ORAL: UNA AMIGA SE PRESENTA.**

Escucha a Carlota. Marca en tu cuaderno si las afirmaciones son verdaderas o falsas.

		V	F
1.	Carlota vive en Las Palmas.	X	
2.	Las Palmas está en las Islas Baleares.		X
3.	Tiene fotos de seis países diferentes.	X	
4.	En el instituto estudia alemán y francés.		X
5.	Virginia es una amiga de Carlota.	X	
6.	Elena es la entrenadora del equipo de baloncesto.		X

3.

📝 **ESCRIBO UN TEXTO: MIS DATOS PERSONALES.**

a. Completa el cuadro con tu información personal.

Nombre	Apellido	Nacionalidad	Ciudad	¿Qué idiomas estudias en el instituto?

b. Ahora, escribe un texto con la información del ejercicio a.

4.

💬 **HABLO: PREGUNTO Y DIGO MI NOMBRE.**

Imagina la conversación.

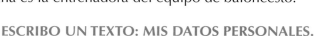

Módulo

Acción

2

> **CELEBRA UN CUMPLEAÑOS ESPAÑOL**

Competencia pragmática

▶ ## Eres capaz de...

▸▸ **Hablar de los regalos y los objetos de tu clase.**
▸▸ **Preguntar y decir la edad.**
▸▸ **Preguntar y decir el día del cumpleaños.**
▸▸ **Decir una fecha.**

Competencias lingüísticas

Competencia gramatical

▶ ## Aprendes...

▸▸ **Los interrogativos:** cuántos, qué, cuándo.
▸▸ **Los artículos definidos.**
▸▸ **Los artículos indefinidos.**
▸▸ **El género de los nombres.**
▸▸ **El singular y el plural de los nombres.**
▸▸ **El presente de indicativo del verbo** tener.

Competencia léxica

▶ ## Conoces...

▸▸ **El material escolar.**
▸▸ **Los números del 1 al 31.**
▸▸ **Los días de la semana, los meses y las estaciones.**

Competencia fonética

▶ ## Pronuncias y escribes...

▸▸ **La sílaba acentuada de las palabras.**

Conocimiento sociocultural

▶ ## Descubres...

▸▸ **El ritmo escolar en España, las vacaciones y las fiestas.**

3 lección · Mis cosas

1 ▶ En la mochila

Sara y Pedro ayudan a Alicia.

▶ a **Escucha y lee.**

Alicia: ¡Mi mochila!
Sara: Mira... los rotuladores y el pegamento...
Pedro: Toma, la regla... el lápiz y el bolígrafo.
Alicia: Gracias. Sara, por favor, el sacapuntas y la goma.
Sara: Toma.
Alicia: ¡Mi cuaderno!
Sara: ¡Alicia, las nueve!
Alicia: Sí.

▶ b **Completa con los nombres de los objetos en tu cuaderno.**

1. El lápiz
2. El bolígrafo
3. La regla
4. El pegamento
5. Los rotuladores
6. La goma
7. El sacapuntas
8. El cuaderno
9. El estuche
10. Los libros
11. Las tijeras
12. El archivador
13. La calculadora

▶ c **Di un número, tus compañeros dicen el nombre del objeto.**

El siete.

El sacapuntas.

Ayuda a Alicia.

▶ d **Clasifica sus cosas.**

¿Qué tiene en la mochila?

El	La	Los
El cuaderno El estuche El archivador	La regla La calculadora	Los libros

¿Y en el estuche?

El	La	Los	Las
El lápiz El bolígrafo El pegamento El sacapuntas	La goma	Los rotuladores	Las tijeras

El libro, la goma...

»a **Lee las palabras de la actividad anterior y marca la respuesta.**

1. Las palabras terminadas en **-o** son [X] masculinas. [ ] femeninas.
2. Las palabras terminadas en **-a** son [ ] masculinas. [X] femeninas.
3. Las palabras terminadas en **-or** son [X] masculinas. [ ] femeninas.

»b **Observa.**

gramática

ARTÍCULOS DEFINIDOS

	Masculino	Femenino
Singular	el libro	la goma
Plural	los libros	las gomas

ARTÍCULOS INDEFINIDOS

	Masculino	Femenino
Singular	un libro	una goma
Plural	unos libros	unas gomas

gramática

SINGULAR	PLURAL
Palabras terminadas en vocal	+ -s
libro, goma, estuche	*libros, gomas, estuches*
Palabras terminadas en consonante	+ -es
rotulador, español	*rotuladores, españoles*
Palabras terminadas en -z	-z > -ces
lápiz	*lápices*
el sacapuntas	*los sacapuntas*

Las tijeras (siempre en plural)

»c **Di el artículo de estas palabras. Después forma el plural.**

la • regla
las reglas

el • pegamento
los pegamentos

el • bolígrafo
los bolígrafos

el • compañero
los compañeros

el • rotulador
los rotuladores

la • goma
las gomas

la • calculadora
las calculadoras

el • profesor
los profesores

el • libro
los libros

el • archivador
los archivadores

la • mochila
las mochilas

el • cuaderno
los cuadernos

Prepara tu mochila

»a **Observa la ilustración y escribe dos frases verdaderas y dos falsas.**

gramática

	TENER
(Yo)	tengo
(Tú)[1]	tienes
(Usted, él, ella)	tiene
(Nosotros/as)	tenemos
(Vosotros/as)*	tenéis
(Ustedes, ellos, ellas)	tienen
[1](Vos)	tenés

Pedro tiene dos rotuladores.

»b **Lee tus frases. Tus compañeros dicen si son verdaderas o falsas.**

Pedro tiene dos rotuladores.

¡Falso! Pedro tiene un rotulador.

»c **Y tú, ¿qué tienes en tu mochila?**

4 lección ¡Feliz cumpleaños!

1 ▶ El día de mi cumpleaños

La canción de los números.

▶a **Escucha y escribe en tu cuaderno los números.**

L	M	M	J	V	S	D
					1 uno	2 dos
3 tres	4 cuatro	5 cinco	6 seis	7 siete	8 ocho	9 nueve
10 diez	11 once	12 doce	13 trece	14 catorce	15 quince	16 dieciséis
17 diecisiete	18 dieciocho	19 diecinueve	20 veinte	21 veintiuno	22 veintidós	23 veintitrés
24 veinticuatro	25 veinticinco	26 veintiséis	27 veintisiete	28 veintiocho	29 veintinueve	30 treinta
31 treinta y uno						

▶c **Piensa cuatro números y dicta los números a tus compañeros.**

▶b **Tu profesor dice el nombre de dos chicos. Mira las camisetas y forma el número como en el ejemplo.**

PILAR
CAROLINA
LUCAS
ROSA
LUIS
VÍCTOR
JAIME
FEDERICA

Rosa y Jaime.

El 1 y el 4, ¡catorce!

2 ▶ Las fiestas

▶a **Observa el calendario, escucha y marca las fiestas españolas.**

LOS DÍAS DE LA SEMANA

Lunes
Martes
Miércoles
Jueves
Viernes
Sábado
Domingo

ENERO	FEBRERO	MARZO
L M Mi J V S D	L M Mi J V S D	L M Mi J V S D
1 2 3 4 5 6 7	1 2 3 4	1 2 3 4
8 9 10 11 12 13 14	5 6 7 8 9 10 11	5 6 7 8 9 10 11
15 16 17 18 19 20 21	12 13 14 15 16 17 18	12 13 14 15 16 17 18
22 23 24 25 26 27 28	19 20 21 22 23 24 25	19 20 21 22 23 24 25
29 30 31	26 27 28	26 27 28 29 30 31

ABRIL	MAYO	JUNIO
L M Mi J V S D	L M Mi J V S D	L M Mi J V S D
1	1 2 3 4 5 6	1 2 3
2 3 4 5 6 7 8	7 8 9 10 11 12 13	4 5 6 7 8 9 10
9 10 11 12 13 14 15	14 15 16 17 18 19 20	11 12 13 14 15 16 17
16 17 18 19 20 21 22	21 22 23 24 25 26 27	18 19 20 21 22 23
23/30 24 25 26 27 28 29	28 29 30 31	25 26 27 28 29 30

JULIO	AGOSTO	SEPTIEMBRE
L M Mi J V S D	L M Mi J V S D	L M Mi J V S D
1	1 2 3 4 5	1 2
2 3 4 5 6 7 8	6 7 8 9 10 11 12	3 4 5 6 7 8 9
9 10 11 12 13 14 15	13 14 15 16 17 18 19	10 11 12 13 14 15 16
16 17 18 19 20 21 22	20 21 22 23 24 25 26	17 18 19 20 21 22 23
23/30 24/31 25 26 27 28 29	27 28 29 30 31	24 25 26 27 28 29 30

OCTUBRE	NOVIEMBRE	DICIEMBRE
L M Mi J V S D	L M Mi J V S D	L M Mi J V S D
1 2 3 4 5 6 7	1 2 3 4	1 2
8 9 10 11 12 13 14	5 6 7 8 9 10 11	3 4 5 6 7 8 9
15 16 17 18 19 20 21	12 13 14 15 16 17 18	10 11 12 13 14 15 16
22 23 24 25 26 27 28	19 20 21 22 23 24 25	17 18 19 20 21 22 23
29 30 31	26 27 28 29 30	24 25 26 27 28 29 30

▶b **¿Cuándo son las fiestas?**

Día de la Hispanidad
El 12 de octubre

Navidad
El 25 de diciembre

Fiesta del Trabajo
El 1 de mayo

Fin de Año
El 31 de diciembre

Día del Padre
El 19 de marzo

Reyes Magos
El 6 de enero

▶c **Mira un calendario de este año y di las fiestas de tu país.**

La fiesta de los Reyes Magos es el seis de enero, y este año es sábado.

De norte a sur

»a Observa e indica las estaciones.

En el hemisferio norte		En el hemisferio sur	
Primavera	21/03 - 20/06	21/03 - 20/06	Otoño
Verano	21/06 - 20/09	21/06 - 20/09	Invierno
Otoño	21/09 - 20/12	21/09 - 20/12	Primavera
Invierno	21/12 - 20/03	21/12 - 20/03	Verano

»b Di a qué estación corresponde cada foto.

1.

Primavera

2.

Verano

En España, la primavera empieza el veintiuno de marzo y termina el veinte de junio.

3.

Otoño

4.

Invierno

»c Y en tu país, ¿en qué estación es cada fiesta?

- La Navidad
- La Fiesta Nacional
- El Carnaval
- El día de tu cumpleaños

Tu cumpleaños

¿Cuántos años tienes?

»a Escucha y lee.

23

Sara: ¿Cuántos años tienes, Pedro?
Pedro: Tengo doce años.
Sara: ¿Y cuándo es tu cumpleaños?
Pedro: El quince de noviembre, ¿y tú?
Sara: Tengo trece años y mi "cumple" es el cuatro de marzo.
Santi: Yo también tengo trece y mi cumpleaños es el diez de agosto.
Alicia: Yo tengo doce. Mi cumpleaños es el veinte de diciembre.

»b Completa en tu cuaderno las fichas de los amigos.

○ Pedro tiene ....12.... años y su
○ cumpleaños es el 15 de noviembre

○ Sara tiene ....13.... años y su
○ cumpleaños es el 4 de marzo

○ Santi tiene ....13.... años y su
○ cumpleaños es el 10 de agosto

○ Alicia tiene ....12.... años y su
○ cumpleaños es el 20 de diciembre

HABLAR DE LA EDAD
- ¿Cuántos años tienes?
- Tengo doce años.

- ¿Cuándo es tu cumpleaños?
- El quince de marzo.

»c Habla con tus compañeros.

¿Cuándo es el cumpleaños de Ricardo?

El diecisiete de octubre.

Cumpleaños

Ricardo	Míriam	Miguel	Julia
17/10	28/03	29/09	14/01
Carolina	Julián	Marta	David
12/06	21/08	30/05	19/11

»d En grupos de cuatro: habla con tus compañeros y completa esta ficha.

Nombre	Edad	Cumpleaños

1 ▸ JUEGA CON LOS OBJETOS

Las diferencias.

▸▸1. Observa las ilustraciones y encuentra nueve diferencias. Escríbelas en tu cuaderno.

A

B

2 ▸ JUEGA CON LOS MESES

Los meses del año.

▸▸1. Piensa en un mes y di dos letras. Tus compañeros adivinan el mes.

ENERO.

N ~ R.

¿Noviembre?

No.

¿Enero?

Sí.

3 ▸ JUEGA CON LOS SONIDOS

El acento.

▸▸1. Escucha y escribe las palabras en tu cuaderno. Escucha de nuevo y rodea la sílaba acentuada.

> En español la sílaba acentuada puede ser:
>
> la última: pro-fe-sor
> la penúltima: mo-chi-la
> la antepenúltima: nú-me-ro

▸▸2. Pronuncia las palabras. Escucha y comprueba.

- Perú
- Cuaderno
- Bolígrafo
- Rotulador
- Sacapuntas
- Lápices
- Abril
- Goma
- Canción

Acción

CELEBRA UN CUMPLEAÑOS

Hoy es el cumpleaños de Marina.
Escucha y contesta a las preguntas.

¡Felicidades!

Te tiro de las orejas.

Un beso.

Te deseo un feliz cumpleaños.

Te quiero.

a. ¿Cuántos años tiene Marina?   13 años
b. Indica la letra de cada regalo.   a, b, c y e.
c. Completa la postal.
d. Elige un regalo y simula la situación.

Querida .... Marina ....
Hoy .... es tu cumpleaños ....
....
cumples ....13...... años.

¡Felicidades!

a.

b.

c.   christina aguilera

d.

e.

f.

Acción

Celebra un cumpleaños español.

Esto es lo que hacemos mis amigos españoles y yo el día de mi cumpleaños.

- Me tiran de la oreja.
- Me dan regalos.
- Vienen a mi fiesta.
- Soplo las velas.
- Me cantan una canción.

27

Escucha, aprende y canta.

*Cumpleaños feliz,
cumpleaños feliz,
te deseamos todos
cumpleaños feliz.*

¿Qué haces en tu país?

Hoy es el cumpleaños de un compañero de tu clase.
Celébralo con tus compañeros.

MAGACÍN CULTURAL

1. Las vacaciones y las fiestas.

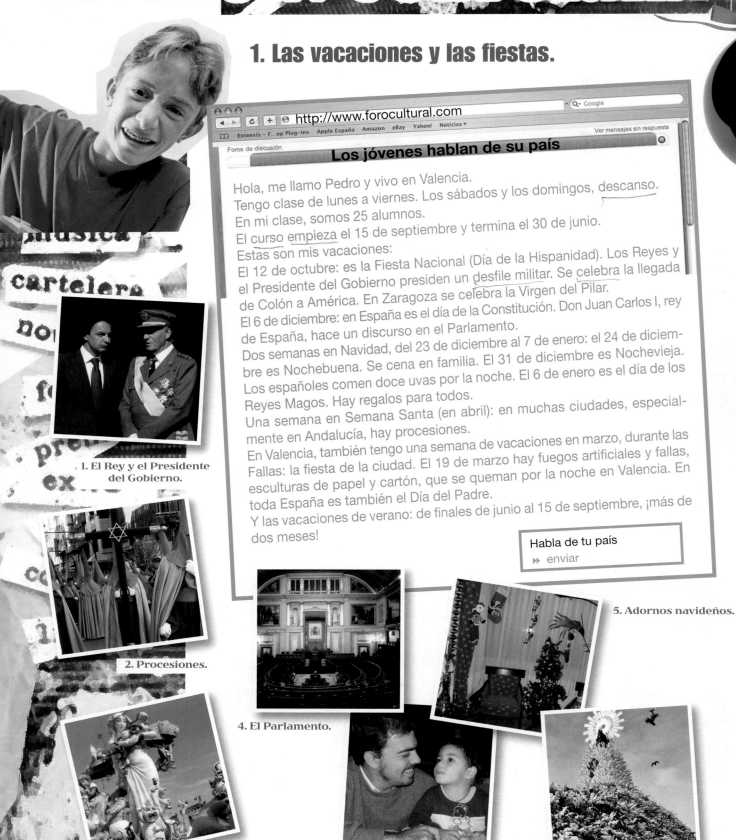

http://www.forocultural.com

Extensis – F...op Plug-ins   Apple España   Amazon   eBay   Yahoo!   Noticias ▾

Ver mensajes sin respuesta

Foros de discusión

Los jóvenes hablan de su país

Hola, me llamo Pedro y vivo en Valencia.
Tengo clase de lunes a viernes. Los sábados y los domingos, descanso.
En mi clase, somos 25 alumnos.
El curso empieza el 15 de septiembre y termina el 30 de junio.
Estas son mis vacaciones:
El 12 de octubre: es la Fiesta Nacional (Día de la Hispanidad). Los Reyes y el Presidente del Gobierno presiden un desfile militar. Se celebra la llegada de Colón a América. En Zaragoza se celebra la Virgen del Pilar.
El 6 de diciembre: en España es el día de la Constitución. Don Juan Carlos I, rey de España, hace un discurso en el Parlamento.
Dos semanas en Navidad, del 23 de diciembre al 7 de enero: el 24 de diciembre es Nochebuena. Se cena en familia. El 31 de diciembre es Nochevieja. Los españoles comen doce uvas por la noche. El 6 de enero es el día de los Reyes Magos. Hay regalos para todos.
Una semana en Semana Santa (en abril): en muchas ciudades, especialmente en Andalucía, hay procesiones.
En Valencia, también tengo una semana de vacaciones en marzo, durante las Fallas: la fiesta de la ciudad. El 19 de marzo hay fuegos artificiales y fallas, esculturas de papel y cartón, que se queman por la noche en Valencia. En toda España es también el Día del Padre.
Y las vacaciones de verano: de finales de junio al 15 de septiembre, ¡más de dos meses!

Habla de tu país
▸▸ enviar

1. El Rey y el Presidente del Gobierno.

2. Procesiones.

3. Escultura de papel y cartón.

4. El Parlamento.

5. Adornos navideños.

6. Un padre y su hijo.

7. La Virgen del Pilar.

Las clases y las vacaciones

La Navidad

Nochebuena es el 24 de diciembre, las familias cenan juntas y cantan villancicos.

El 25 es Navidad, toda la familia se reúne y come turrones y polvorones. El 31 de diciembre es Nochevieja, todos a las 12 de la noche escuchan las campanadas del reloj de la Puerta del Sol (Madrid) y comen doce uvas. Después dicen "¡Feliz Año Nuevo!" y salen de fiesta con los amigos. El 5 de enero entran en la ciudad los Reyes Magos. El día 6 dejan regalos en casa y comemos roscones.

1. Relaciona estas fiestas con las fotos. Di cuándo son y dónde se celebran.

a. El día de los Reyes Magos. 8 y 11.
b. El Día del Padre. 6.
c. Las Fallas. 3.
d. La Semana Santa. 2.
e. El Pilar. 1 y 7.
f. 6 de diciembre. 4.
g. Nochebuena. 5 y 10.
h. Nochevieja. 9 y 12.
i. El doce de octubre. 1 y 7.

8. Reyes Magos.

2. ¿Verdadero o falso?

	V	F
a. El 6 de enero los niños reciben regalos.	X	
b. La Fiesta Nacional es el 6 de enero.		X
c. El Pilar es en octubre.	X	
d. Las Fallas se celebran en Valencia.	X	

3. Localiza en el plano de la página 18 la Semana Santa más famosa, las Fallas y el Pilar.

Las Fallas en Valencia y el Pilar en Zaragoza.

9. Puerta del Sol (Madrid).

10. Turrón.

11. Roscón de Reyes.

12. Uvas de la suerte.

Interculturalidad

Completa la información.

	En España	En tu país
a. ¿Qué días hay clase?	....	....
b. ¿Qué días no hay clase?	....	....
c. ¿Cuándo empieza y termina el curso escolar?	....	....
d. ¿Cuánto duran las vacaciones de verano?	....	....
e. ¿Cuántos días de vacaciones (sin el verano) hay?	....	....
f. ¿Cuándo es el día de la Fiesta Nacional?	....	....
g. ¿Cuáles son las fiestas más importantes?	....	....

Prepara tu examen

Comunicación

Hablar del material escolar

¿Qué tienes en tu mochila?

Tengo un libro y dos cuadernos.

Preguntar y decir la edad

¿Cuántos años tienes?

Tengo doce años.

Preguntar y decir el día del cumpleaños

¿Cuándo es tu cumpleaños?

El 15 de mayo.

Gramática

Interrogativos

▶ **¿Cuántos? ¿Qué? ¿Cuándo?**

Los artículos definidos

▶ el **libro**, la **mochila**, los **cuadernos**, las **gomas**

Los artículos indefinidos

▶ un **estuche**, una **regla**, unos **libros**, unas **tijeras**

El género de los nombres

▶ **el libro, el cuaderno, el rotulador, el archivador, la regla, la mochila**

El plural

▶ **el libro, los libros; la goma, las gomas; el estuche, los estuches**
  el rotulador, los rotuladores
  el lápiz, los lápices

Presente de indicativo

	TENER
(Yo)	**tengo**
(Tú)[1]	**tienes**
(Usted, él, ella)	**tiene**
(Nosotros/as)	**tenemos**
(Vosotros/as)	**tenéis**
(Ustedes, ellos, ellas)	**tienen**
[1] *(Vos)*	*tenés*

Vocabulario

▶ El material escolar

- el archivador
- el bolígrafo
- la calculadora
- el cuaderno
- el estuche
- la goma
- el lápiz
- el libro
- la mochila
- el pegamento
- la regla
- el rotulador
- el sacapuntas
- las tijeras

▶ Los números hasta 31

- uno
- dos
- tres
- cuatro
- cinco
- seis
- siete
- ocho
- nueve
- diez
- once
- doce
- trece
- catorce
- quince
- dieciséis
- diecisiete
- dieciocho
- diecinueve
- veinte
- veintiuno
- veintidós
- veintitrés
- veinticuatro
- veinticinco
- veintiséis
- veintisiete
- veintiocho
- veintinueve
- treinta
- treinta y uno

▶ Los meses del año

- enero
- febrero
- marzo
- abril
- mayo
- junio
- julio
- agosto
- septiembre
- octubre
- noviembre
- diciembre

▶ Los días de la semana

- lunes
- martes
- miércoles
- jueves
- viernes
- sábado
- domingo

▶ Las estaciones del año

- la primavera
- el verano
- el otoño
- el invierno

▶ Otras palabras

- el calendario
- la canción
- el cumpleaños
- la edad
- ¡Felicidades!
- ¡Feliz cumpleaños!
- la fiesta
- Muchas gracias
- Por favor
- la postal
- el regalo
- las vacaciones
- la vela
- el videojuego

Evalúa tus conocimientos.

1. **COMPRENDO UN TEXTO ESCRITO: UNA CHICA SE PRESENTA.**

Completa el texto con las palabras de la lista.

sello

CD	cumpleaños	me llamo	veintiséis	octubre	
Italia	vivo	amigas	regalos	videojuego	

Hola, ... Consuelo. Soy española y ..... en Cuenca. En mi clase tengo tres ..... : Marta. Sonia y Belén. Hoy sábado ... de ..... es mi ..... . ¡Tengo trece años! Mis ..... de cumpleaños son un ..... para el ordenador, un ..... de Christina Aguilera y doce sellos de Argentina, ... y Alemania para mi colección.

2. (28) **COMPRENDO UN TEXTO ORAL: UNA AMIGA DESCRIBE SUS OBJETOS.**

Escucha e indica las ilustraciones.

2   A

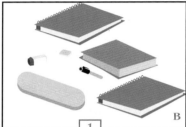
1   B

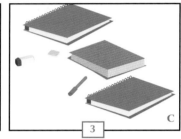
3   C

3. **ESCRIBO UN TEXTO: UNA TARJETA DE FELICITACIÓN.**

Escribe a Consuelo una tarjeta de felicitación por su cumpleaños.

4. **HABLO: PREGUNTO Y DOY DATOS PERSONALES.**

Imagina una conversación entre Marina y José.

Nombre: José
Apellidos: Sánchez Roble
Ciudad: Sevilla
Edad: 12
Cumpleaños: 28/08
Ciberamigos: FRANCIA, BÉLGICA, SUIZA.

Nombre: Marina
Apellidos: López Ruiz
Ciudad: Barcelona
Edad: 13
Cumpleaños: 30/11
Ciberamigos: GRECIA, ALEMANA, ITALIA.

Módulo

Acción

3

HAZ UNA ENCUESTA

Competencia pragmática

▶ Eres capaz de...

»» **Presentar las actividades de clase.**
»» **Preguntar y decir la hora.**
»» **Hablar de las asignaturas.**
»» **Explicar tu horario de clases.**

Competencias lingüísticas

Competencia gramatical

▶ Aprendes...

»» **El presente de indicativo: verbos en** −ar, −er, −ir.
»» **El presente de indicativo: verbo** hacer.
»» **Los interrogativos:** qué, cuánto **+ verbo,** cuántos / cuántas **+ nombre en plural,** cuál es / cuáles son.
»» **La frecuencia:** los lunes, los martes...

Competencia léxica

▶ Conoces...

»» **Las actividades de clase.**
»» **Las asignaturas.**

Competencia fonética

▶ Pronuncias y escribes...

»» **Las palabras con el acento en la penúltima sílaba.**

Conocimiento sociocultural

▶ Descubres...

»» **El sistema educativo español**
»» **Los horarios escolares.**

5 lección **Los deberes**

1 ▶ ¿Qué deberes **tenemos?**

Sara y Santi hacen los deberes.
▶a **Escucha y lee.**

Sara: ¿Qué deberes tenemos para mañana?
Santi: Para la clase de Inglés... leer el texto de la página 30, describir la foto, repasar los verbos de la lección y hacer el ejercicio 2 de la página 31.
Sara: Vale.
Santi: Ah... y escuchar la conversación de la pista 13 del CD. Para la clase de Literatura, aprender la poesía de García Lorca y responder a la pregunta 9.
Sara: Y tenemos un trabajo de Geografía, ¿no?
Santi: Sí, dibujar el mapa de España y escribir el nombre de los ríos.

▶b **Completa la agenda de Sara con los deberes de hoy.**

Inglés.
Leer el texto de la página 30.

Describir la foto. repasar los verbos. Hacer el ejercicio 31. Escuchar la pista 13.

Literatura
Aprender la poesía de García Lorca y responder a las preguntas.

Geografía

Dibujar el mapa de España. Escribir el nombre de los ríos.

2 ▶ Trece **verbos**

▶a **¿Dónde están? Localiza en la cadena todos los verbos en infinitivo del diálogo.**

responderrotulador/ser/escribir/describir/frase/llamar/tener/leer/escuchar/conjugar/poesía/hablar/dibujar/color/aprender/singular/hacer

▶b **Ahora, observa y clasifica los verbos.**

En español, hay tres grupos de verbos.

- Verbos en -ar : *conjugar,* llamar, escuchar, hablar, dibujar.
- Verbos en -er : responder, ser, tener, leer, aprender, hacer.
- Verbos en -ir : escribir, describir.

▶c **Con tus compañeros, busca en el módulo 1 (páginas 25 y 26) y en el módulo 2 (páginas 37 y 38) más verbos en infinitivo.**

3 ▶ Hacemos **ejercicios**

▶a **Observa los verbos en presente de indicativo.**

gramática

	DIBUJAR	Regulares RESPONDER	ESCRIBIR	Irregular HACER
(Yo)	dibujo	respondo	escribo	hago
(Tú)[1]	dibujas	respondes	escribes	haces
(Usted, él, ella)	dibuja	responde	escribe	hace
(Nosotros/as)	dibujamos	respondemos	escribimos	hacemos
(Vosotros/as)	dibujáis	respondéis	escribís	hacéis
(Ustedes, ellos, ellas)	dibujan	responden	escriben	hacen
*(Vos)[1]	*dibujás*	*respondés*	*escribís*	*hacés*

b Relaciona estos verbos con las situaciones.

hablan, estudias, responde, leéis, escribe, viven, hablas, estudia, lees, respondes, escribís, vives, habláis, estudian, leen, escribes, respondéis, vivís, habla, estudiáis, lee, responden, escriben, vive

Tú.
estudias
hablas
lees
respondes
vives
escribes

1.

responde
escribe
estudia
habla
lee
vive

Usted.

2.

Vosotros.

3.

leéis
escribís
habláis
vivís
respondéis
estudiáis

Ustedes.

4.

hablan
viven
estudian
leen
responden
escriben

Sara chatea con su amiga Susana.

c Conjuga los verbos en presente.

- ¿Cuál es tu asignatura favorita?
- Inglés, porque (leer, yo) **leo** diálogos divertidos, (escribir, yo) **escribo** textos, (hacer, yo) **hago** . ejercicios, y (escuchar, yo) **escucho** canciones y al profesor.
- En Inglés, ¿(aprender, vosotros) **aprendéis** .... canciones?
- Sí, y también (escuchar, nosotros) .... diálogos del libro. **escuchamos**
- ¿Y (tener, tú) **tienes** . exámenes?
- Sí, (tener, yo) **tengo** . exámenes todos los lunes.

▶ **Juega con tus compañeros**

a Escribe en tres trozos de papel tres actividades de clase y una persona (yo, tú, él, nosotros, vosotros, ellos). Después, tu profesor elige un trozo de papel y la clase conjuga el verbo.

Describir la foto.
Yo

Escuchar al profesor.
Él

Escuchar al profesor.
Él.

CONTRACCIÓN DEL ARTÍCULO
a + el > al
de + el > del

Hacer el ejercicio 2.
Nosotros

Escucha al profesor.

Tus clases

1 ¿Qué hora es?

»a Escucha e indica la ilustración.

a. 2   b. 3   c. 1   d. 5   e. 4

»b Observa.

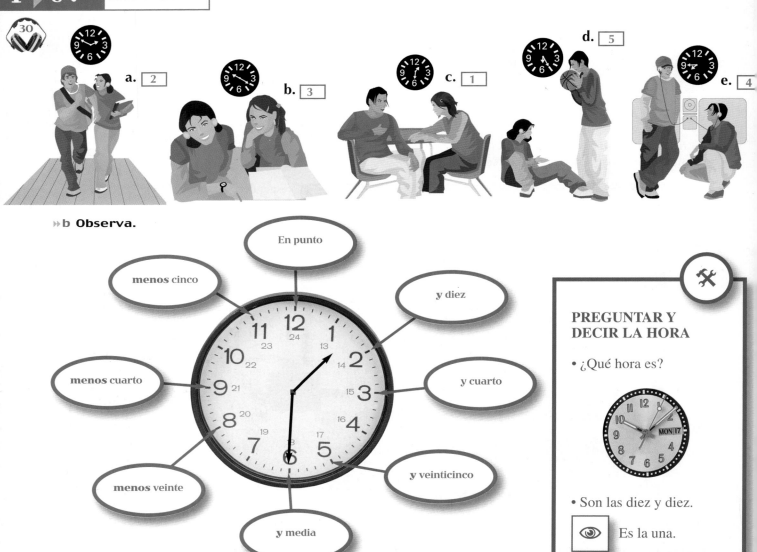

En punto

menos cinco

y diez

menos cuarto

y cuarto

menos veinte

y veinticinco

y media

PREGUNTAR Y DECIR LA HORA

- ¿Qué hora es?

- Son las diez y diez.

👁 Es la una.

2 Son las...

»a Di una hora. Tus compañeros indican el reloj correspondiente.

Las nueve menos veinticinco.

El reloj número 4.

1. 2:10
2. 9:45
3. 6:15
4. 8:35
5. 3:50
6. 11:30
7. 4:20
8. 10:10

Las asignaturas

»a **Estas son las asignaturas de los institutos españoles. Identifícalas.**

1. Las Ciencias de la Naturaleza.
2. Las Ciencias Sociales, Geografía e Historia.
3. La Educación Física.
4. La Educación para la Ciudadanía.
5. La Educación Plástica y Visual.
6. La Lengua Castellana y la Literatura.
7. La Lengua Extranjera.
8. Las Matemáticas.
9. La Música.
10. La Religión o Actividades de estudio.
11. La Tecnología.

a. 6

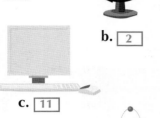

b. 2

c. 11

d. 1

e. 10

f. 3

j. 4

k. 8

i. 7

g. 5

h. 9

El horario de clase

Pedro, Sara, Santi y Alicia están en primero de ESO.
»a **Observa el horario y contesta a las preguntas.**

	LUNES	MARTES	MIÉRCOLES	JUEVES	VIERNES
8:30-9:20	Educación Física	Plástica	Matemáticas	Inglés	Educación Física
9:25-10:15	Inglés	Matemáticas	Francés	Educación para la Ciudadanía	Inglés
10:20-11:10	Geografía e Historia	Religión o Estudio	Ciencias de la Naturaleza	Ciencias de la Naturaleza	Matemáticas
R E C R E O					
11:30-12:20	Lengua y Literatura	Ciencias de la Naturaleza	Lengua y Literatura	Geografía e Historia	Lengua y Literatura
12:25-13:15	Francés	Música	Plástica	Lengua y Literatura	Geografía e Historia
13:20-14:10	Matemáticas	Lengua y Literatura	Tecnología	Tecnología	Música

1. ¿Cuándo tienen clase y a qué hora?
   De lunes a viernes, de 8:30 a 14:10.
2. ¿Cuánto dura cada clase?
   50 minutos.
3. ¿Cuánto dura el recreo?
   20 minutos.
4. ¿Qué días tienen clases de Lengua y Literatura?
   Todos los días.

5. ¿Cuántos idiomas estudian? ¿Cuántas clases cada uno?
   Dos, inglés tres horas y francés dos.
6. ¿Qué días y a qué hora tienen Tecnología?
   Miércoles y jueves de 13:00 a 14:10.
7. ¿Qué asignaturas estudian los lunes / los martes?
   Lengua y Literatura y Matemáticas.
8. ¿Qué días tienen Matemáticas? ¿A qué hora?
   El lunes a las 13:30, el martes a las 9:25, el miércoles a las 8:30 y el viernes a las 10:20.

Un horario a tu gusto

»a **Confecciona tu horario ideal.**

»b **Tu compañero te pregunta y hace tu horario.**

1 ▶ JUEGA CON LAS ASIGNATURAS

JUEGO DE LÓGICA: seis profesores de un instituto.

▶▶**1.** Lee las frases y descubre el nombre, la asignatura y una costumbre de cada uno.

1. Marie es la profesora de Francés.

6. La profesora de Francés lee el periódico a las seis de la mañana.

7. Roberto es el profesor de Educación Física.

2. El profesor de Educación Física hace mucho deporte.

8. Antonio escribe poesías.

3. La profesora de Geografía e Historia no se llama Cristina.

9. El profesor de Tecnología escribe poesías por la tarde.

4. Cristina es la profesora de Ciencias Naturales.

10. El profesor de Lengua y Literatura escucha la radio a las doce de la noche.

5. Marta come en el instituto a las tres de la tarde.

11. Cristina escucha música clásica.

Antonio Marie Carlos Marta Cristina Roberto

Nombre del profesor	Asignatura	Costumbre
Marie	Francés	Lee el periódico a las 6:00
Marta	Geografía e Historia	Come en el instituto a las 15:00.
Cristina	Ciencias Naturales	Escucha música clásica.
Roberto	Educación Física	Hace mucho deporte.
Carlos	Lengua y Literatura	Escucha la radio a las 24:00.
Antonio	Tecnología	Escribe poesías por la tarde.

2 ▶ JUEGA CON LOS SONIDOS

31 Palabras acentuadas en la penúltima sílaba.

▶▶**1.** Observa y subraya la sílaba acentuada. Luego, escucha y repite las palabras.

- amiga
- cuaderno
- boli
- cantante
- examen
- escuchan
- escribes
- cantamos
- árbol
- lápiz
- fácil
- Héctor

> **Tienen el acento en la penúltima sílaba las palabras que...**
>
> - terminan en vocal, n o s.
> - terminan en consonante, excepto n y s, y llevan tilde.

32 ▶▶**2.** Escucha y escribe las palabras.   mañana, fácil, ejercicio, nombre, útil, divertido, Pérez, difícil, instituto, Ángel.

Acción

Haz una encuesta

1. Escucha la encuesta y señala las actividades preferidas de cada alumno.

	Sandra	Pablo	Elena	Carlos
Conjugar verbos	X			
Hablar con el profesor	X	X	X	X
Aprender canciones	X			
Describir fotos				X
Escuchar diálogos	X	X	X	
Escribir textos		X	X	X
Leer textos	X			X
Hacer ejercicios		X		

2. Ahora copia los resultados en tu cuaderno y escribe el nombre de las actividades.

RESULTADO DE LA ENCUESTA

Hablar con el profesor **4**
Escuchar diálogos **3**
Aprender canciones **2**
Conjugar verbos **1**
Describir fotos **1**
Escribir textos **2**
Leer textos **2**
Hacer ejercicios **1**

3. Explica los resultados.

De más a menos, las actividades preferidas de la clase son...

Acción

En grupos de cinco, con tus compañeros...

1. Contesta a las preguntas de la encuesta.
2. Elabora un gráfico con los resultados.
3. Explica los resultados a la clase.
4. Analiza los resultados de todas las encuestas: ¿cuáles son las tres actividades preferidas de la clase?

MAGACÍN CULTURAL

http://www.forocultural.com

Q▾ Google

Extensis – F...op Plug-ins   Apple España   Amazon   eBay   Yahoo!   Noticias ▾

Ver mensajes sin respuesta

Foros de discusión

Los jóvenes hablan de su país

¡Hola! Me llamo Lucas y vivo en Toledo. Tengo doce años y estoy en primero de ESO (Educación Secundaria Obligatoria) en el Instituto El Greco.

En España, hasta los seis años, los niños españoles vamos a clase de Educación Infantil. De los seis a los doce años vamos a un colegio de Educación Primaria. Luego, durante cuatro años estudiamos en un instituto de ESO y de los dieciséis a los dieciocho años, en un instituto de Bachillerato.

La escuela es obligatoria hasta los 16 años (cuarto curso de ESO). Mis asignaturas favoritas del instituto son los idiomas (estudio Inglés y Francés) y la Educación Física. Mis deportes favoritos son el tenis y el baloncesto.

Soy un estudiante medio: normalmente apruebo todas las asignaturas en junio con aprobados y notables. Si suspendo una asignatura, tengo un examen en septiembre.

Habla de tu país
»» enviar

1. Plan de estudio de ESO.

1. Observa el sistema educativo, lee lo que dice Lucas y explica con tus palabras qué es la ESO.

ÁREAS y MATERIAS	Primer ciclo		Segundo ciclo	
	Curso primero	Curso segundo	Curso tercero	Curso cuarto
Comunes	• Ciencias de la Naturaleza. • Ciencias Sociales, Geografía e Historia. • Educación Física. • Educación Plástica y Visual. • Lengua Castellana y Literatura. • Lengua Extranjera. • Matemáticas. • Música. • Tecnología. • Religión o Actividades de estudio (a elegir)			• Ciencias de la Naturaleza. • Educación Plástica y Visual. • Lengua Castellana y Literatura. • Música. • Tecnología.
	Segunda Lengua Extranjera.			
Optativas	Curso de refuerzo para alumnos suspendidos en Lengua o Matemáticas.		• Iniciación Profesional • Cultura Clásica	• Iniciación Profesional • Cultura Clásica • Ética

2. Mira el plan de estudios, lee las asignaturas favoritas de Lucas y contesta con verdadero (V) o falso (F).

		V	F
a.	Lucas este año estudia Educación Profesional, Cultura Clásica y Música.		X
b.	En los dos primeros cursos de ESO puedes elegir otro idioma.	X	
c.	Es obligatorio estudiar Iniciación Profesional.		X
d.	Lucas elige como optativa otro idioma, Francés.	X	
e.	Las Matemáticas son optativas.		X
f.	La clase de Religión es obligatoria.		X

2. Las notas.

Sistema de notas

0 - 4	Insuficiente	Suspendido
5	Suficiente	Aprobado
6	Bien	
7 - 8	Notable	
9 -10	Sobresaliente	

1. Estas son las notas de algunos estudiantes del instituto de Lucas. ¿Están aprobados o suspendidos?

Suspendido

a. Belén Jiménez Garza. Lengua y Literatura: 2,5

Suspendida

b. Víctor García Álvarez. Matemáticas: 4,5

c. Jesús Hernández Gil. Educación Física: 8,9

Aprobado

d. Asunción Galindo Robledo. Tecnología: 7

Aprobada

Interculturalidad

Describe el sistema educativo de tu país.

a. ¿La escuela también es obligatoria hasta los dieciséis años?

b. ¿En qué curso estás?

c. ¿Cómo es el sistema de notas?

d. En tu país, ¿los exámenes se puntúan de 0 a 10?

e. ¿Qué nota se necesita para aprobar?

f. ¿Hay exámenes para recuperar después del verano si estás suspendido?

g. ¿Qué asignaturas tienes? ¿Son las mismas que las de Lucas?

Comunicación

Preguntar y decir la hora

¿Qué hora es?

Son las tres y media.

Presentar las actividades de clase

Aprender canciones.
Describir fotos.
Escribir textos.
Escuchar diálogos.
Hablar con el profesor.
Hacer ejercicios, exámenes...
Recitar poesías.

Hablar de las asignaturas

El Francés es mi asignatura favorita.

Los lunes tengo Matemáticas.

Hablar de la actividad de clase favorita

¿Cuál es tu actividad de clase favorita?

Aprender poesías.

Leer textos.

Escuchar diálogos.

Interrogativos

¿**Qué** asignaturas estudias?
¿**Cuánto** dura el recreo?
¿**Cuántos** idiomas estudias?
¿**Cuántas** clases tienes?
¿**Cuál** es tu asignatura favorita?
¿**Cuáles** son tus actividades de clase favoritas?

Expresar frecuencia

Los lunes tengo Historia.

Gramática

Presente de indicativo

	Regulares			Irregular
	-ar	-er	-ir	
	DIBUJAR	RESPONDER	ESCRIBIR	HACER
(Yo)	dibujo	respondo	escribo	hago
(Tú)[1]	dibujas	respondes	escribes	haces
(Usted, él, ella)	dibuja	responde	escribe	hace
(Nosotros/as)	dibujamos	respondemos	escribimos	hacemos
(Vosotros/as)	dibujáis	respondéis	escribís	hacéis
(Ustedes, ellos, ellas)	dibujan	responden	escriben	hacen
[1](Vos)	dibujás	respondés	escribís	hacés

Vocabulario

▶ Las asignaturas

- ▹ las Ciencias
- ▹ la Educación Física (el deporte)
- ▹ la Educación para la Ciudadanía
- ▹ la Educación Plástica (el dibujo)

- ▹ el Francés
- ▹ la Geografía
- ▹ la Historia
- ▹ el Inglés

- ▹ la Lengua y la Literatura
- ▹ las Matemáticas
- ▹ la Música
- ▹ la Tecnología

▶ El instituto y el trabajo escolar

- ▹ mi asignatura favorita
- ▹ la clase
- ▹ el colegio
- ▹ el compañero, la compañera
- ▹ los deberes
- ▹ el diálogo
- ▹ el ejercicio
- ▹ la escuela

- ▹ el examen
- ▹ el horario
- ▹ la lección
- ▹ la página
- ▹ la poesía
- ▹ el recreo
- ▹ el texto
- ▹ el trabajo de Geografía

▶ Verbos

- ▹ aprender
- ▹ conjugar
- ▹ describir
- ▹ dibujar
- ▹ escribir
- ▹ escuchar
- ▹ hablar
- ▹ hacer
- ▹ leer
- ▹ repasar
- ▹ responder

▶ Otras palabras

- ▹ favorito, favorita

Evalúa tus conocimientos.

1.

COMPRENDO UN TEXTO ESCRITO: LAS ACTIVIDADES DE CLASE.

- ☐ mal
- ☐ regular
- ☐ bien
- ☐ muy bien

a. Relaciona las dos partes de cada expresión.

1. Aprender — a. los verbos
2. Repasar — b. ejercicios
3. Escuchar — c. canciones en español
4. Dibujar — d. con el profesor
5. Hacer — e. un mapa
6. Hablar — f. poesías

b. Completa las frases con el nombre de la asignatura.

a. En ....Inglés.... Emilio repasa el verbo *to be*.
b. En ..Matemáticas.. aprendemos: $(a + b)^2 = a^2 + b^2 + 2ab$.
c. En ...Francés... aprendes nombres como *le collège, les camarades, le tableau, le cahier*…
d. En ...Geografía e Historia... estudian la vida de los reyes de España.
e. En ...Lengua y Literatura... lees textos de Miguel de Cervantes.
f. En ...Plástica... utilizo una goma, lápices y rotuladores de colores.

2.

(34) **COMPRENDO UN TEXTO ORAL: DESCRIBIR HORARIOS.**

- ☐ mal
- ☐ regular
- ☐ bien
- ☐ muy bien

Escucha las preguntas y marca la letra de cada respuesta.

a. [2] La Historia.
b. [1] Veintiocho.
c. [8] Leer textos y aprender poesías.
d. [3] Matemáticas, Ciencias y Educación Plástica.
e. [4] Los martes y los viernes.
f. [7] Tres.
g. [5] Veinte minutos.
h. [6] A las diez menos veinte.

3.

ESCRIBO UN TEXTO: MIS ACTIVIDADES FAVORITAS.

- ☐ mal
- ☐ regular
- ☐ bien
- ☐ muy bien

a. Conjuga en presente los verbos de la actividad 1a.

1. (yo) ..aprendo..
2. (ellos) ..repasan..
3. (nosotros) ..escuchamos..
4. (yo) ..dibujo..
5. (tú) ..haces..
6. (nosotros) ..hablamos..

b. Contesta: ¿Qué haces en la clase de español? ¿Cuáles son tus dos actividades favoritas?

4.

HABLO DE: LOS DEBERES.

- ☐ mal
- ☐ regular
- ☐ bien
- ☐ muy bien

Termina la conversación entre Hugo y María.
Indica la asignatura y el trabajo.

¿Qué deberes tenemos para mañana?

Inglés.
Pista 38,
canción n.º 3.

Geografía
Mapa de España,
ríos y montañas.

Literatura
Página 31,
ejercicio 8.

Módulo  4

Acción

Describe tu vida cotidiana

Competencia pragmática

▶ Eres capaz de…

- ▸▸ **Presentar las actividades cotidianas.**
- ▸▸ **Decir los colores.**
- ▸▸ **Expresar gustos.**
- ▸▸ **Dar la opinión:** para mí, yo creo que…
- ▸▸ **Expresar acuerdo y desacuerdo.**

Competencia gramatical

▶ Aprendes…

- ▸▸ **Los interrogativos:** a qué y de qué.
- ▸▸ **El presente de indicativo de:**
    - **– verbos con pronombres:** levantarse, ducharse…
    - **– verbo irregular:** salir.
- ▸▸ **Los colores: género y número.**
- ▸▸ **El verbo** gustar **y los pronombres personales.**

Competencias lingüísticas

Competencia léxica

▶ Conoces…

- ▸▸ **Las actividades cotidianas.**
- ▸▸ **Los colores.**

Competencia fonética

▶ Pronuncias y escribes…

- ▸▸ **Las palabras con el acento en la última sílaba.**

Conocimiento sociocultural

▶ Descubres…

- ▸▸ **Los horarios cotidianos españoles.**
- ▸▸ **Cantantes famosos.**

7 lección — Un día normal

1 ▶ La rutina diaria

Pedro habla en el chat con su nuevo amigo de lo que hacen durante el día.

»a Escucha y completa el texto en tu cuaderno con las expresiones de la lista.

a. me ducho
b. Entro
c. me levanto
d. me voy a la cama
e. desayuno
f. Tomo
g. salgo
h. hago los deberes
i. llego
j. Ceno
k. como
l. voy

Todos los días **me levanto** a las siete, **me ducho** , **desayuno** y **salgo** de casa a las ocho. Voy al instituto en bici y **llego** a las ocho y veinte. **Entro** en clase a las ocho y media. Regreso a casa y **como** a las tres. **Tomo** la merienda a las cinco y media y **hago los deberes** a las seis. Luego, **voy** al parque con mi perro. **Ceno** a las nueve y media y **me voy a la cama** a las diez y cuarto de la noche.

»b Ordena las viñetas e indica el verbo correspondiente.

a. se levanta
b. se ducha
c. desayuna
d. sale de casa
e. entra en clase
f. sale del instituto y se va a casa
g. come
h. toma la merienda
i. hace los deberes
j. va al parque con el perro
k. cena
l. se va a la cama

»c Observa.

gramática

	Regular **LEVANTARSE**	Irregular **SALIR**
(Yo)	me levanto	salgo
(Tú)[1]	te levantas	sales
(Usted, él, ella)	se levanta	sale
(Nosotros/as)	nos levantamos	salimos
(Vosotros/as)	os levantáis	salís
(Ustedes, ellos, ellas)	se levantan	salen

[1](Vos) — te levantás — salís

2 ▶ Y tú, ¿qué haces normalmente?

»a Responde a las preguntas.

¿A qué hora te levantas?
¿A qué hora sales de casa?
¿A qué hora llegas al instituto?
¿A qué hora comes?
¿A qué hora haces los deberes?
¿A qué hora cenas?
¿A qué hora te vas a la cama?

Mis amigos de clase

Pedro te presenta a sus amigos del instituto.

»a **Escucha y localiza a cada persona. Escribe en tu cuaderno qué le gusta a cada uno.**

36

Estos son mis compañeros del instituto. A Eduardo le gusta el Inglés. A Elena le gusta la Educación Física. A Alicia le gusta la Geografía y la Historia. A Sara le gusta la Música, toca la guitarra. A Verónica le gustan las Ciencias de la Naturaleza. A Elvira le gusta la Tecnología. A Fernando le gusta la Lengua y Literatura. A Marta le gusta la Educación Plástica. A Sergio le gusta el Francés. Ah... y a mí me gustan las Matemáticas, es mi asignatura favorita.

Y a ti, ¿qué te gusta?

»a **Observa.**

gramática

EXPRESAR GUSTOS

(A mí)	me		dibujar, escribir, leer
(A ti)[1]	te	gusta	el deporte
(A usted, él, ella)	le		la Historia
(A nosotros/as)	nos		
(A vosotros/as)	os	gustan	las Matemáticas
(A ustedes, ellos, ellas)	les		las Ciencias

[1](A vos) te gusta

ACUERDO
- Me gusta el deporte. • A mí también.
- No me gusta el deporte. • A mí tampoco.

DESACUERDO
- Me gusta el deporte. • A mí no.
- No me gusta el deporte. • A mí sí

»b **Escribe ocho frases con un elemento de cada columna.**

A María
A nosotros
¿A ti
A mis amigos
¿A vosotros
A mí

les gusta
no nos gusta
le gustan
os gusta
te gustan
me gustan
le gusta
no les gustan

las Matemáticas.
ir al instituto en bici?
las Ciencias?
escuchar canciones.
el Inglés?
hacer los deberes?

»c **Compara los gustos de Manuel y Lorena.**

☺ Leer, el color verde, el color azul, cantar, la Historia, el Francés, ir al instituto en bici, las Ciencias.
☹ Las Matemáticas, dibujar, los exámenes, la Tecnología, la Geografía.

☺ Las Matemáticas, leer, dibujar, el color azul, cantar, el Francés.
☹ Los exámenes, el color verde, la Historia, la Geografía, la Tecnología, ir al instituto en bici, las Ciencias.

A Manuel le gustan las Matemáticas. A Lorena no.

»d **Y a ti, ¿qué asignaturas te gustan y cuáles no?**

8 lección ¿De qué color es?

1 ▶ El mapa de España

Sara y Santi hacen el trabajo de Geografía.

»a Escucha y lee la conversación.

Sara:	¿Dibujamos el mapa de España juntos?
Santi:	Vale.
Sara:	¿De qué color dibujamos los ríos?
Santi:	De azul, y escribimos los nombres de las ciudades en negro, y Madrid, la capital, en rojo.
Sara:	¿Y los puntos?
Santi:	¿Qué puntos?
Sara:	¡Los puntos de las ciudades!
Santi:	Ah... Pues... en violeta. Las montañas... marrón, y las playas, amarillo.
Sara:	¡Qué difícil!
Santi:	No, mira...
Sara:	Ah sí… ¡Qué bonito!

»b Lee el diálogo y escribe los colores que faltan.

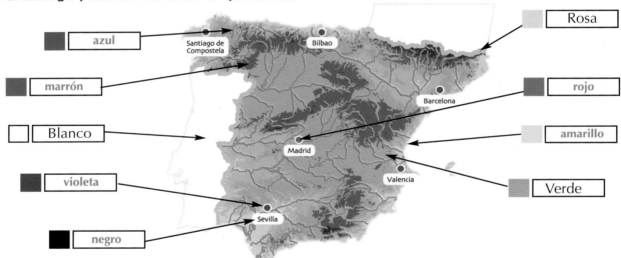

azul

marrón

Blanco

violeta

negro

Rosa

rojo

amarillo

Verde

2 ▶ De colores

»a Escucha la canción y pon en orden los colores.

| 7 | 6 | 5 | 2 | 1 | 3 | 10 | 11 | 5 | 8 | 9 |

»b Indica una casilla, tus compañeros dicen el color.

1b.

Violeta.

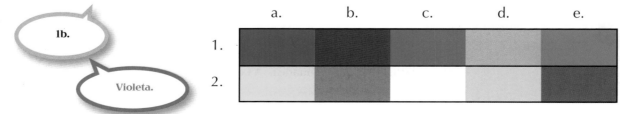

a.   b.   c.   d.   e.

1.

2.

50 · cincuenta

Las banderas hispanas

»a **Observa la terminación de los colores.**

gramática

MASCULINO	FEMENINO
Terminados en -o	**-o > -a**
negro, blanco, amarillo, rojo	negra, blanca, amarilla, roja
verde azul marrón	
rosa naranja violeta	

gramática

SINGULAR	PLURAL
Terminados en vocal	**+ -s**
blanco, rosa, amarilla, verde	blancos, rosas, amarillas, verdes
Terminados en consonante	**+ -es**
gris, azul	grises, azules
marrón	marrones (sin tilde)

»b **Observa las banderas y di los colores.**

> La bandera de Guatemala y la bandera de El Salvador son azules y blancas.

1 Argentina

2 Bolivia

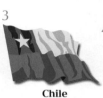
3 Chile

4 Colombia

5 Costa Rica

6 Cuba

7 Ecuador

8 El Salvador

9 España

10 Guatemala

11 Honduras

12 México

13 Nicaragua

14 Panamá

15 Paraguay

16 Perú

17 Puerto Rico

18 República Dominicana

19 Uruguay

20 Venezuela

»c **Ahora describe una bandera. Tus compañeros dicen el país.**

> Es azul y blanca.

> ¿Es Guatemala?

> No.

El mundo es de colores

»a **Elige un color para cada cosa y contesta a las preguntas.**

1. ¿De qué color es tu país?
2. ¿Y la tarde?
3. ¿Y los pueblos?
4. ¿Cuál es tu color favorito?

5. ¿De qué color es la mañana?
6. ¿De qué color son las ciudades?
7. ¿De qué color es tu instituto?

»b **Habla ahora con tus compañeros. ¿Estáis de acuerdo en todo?**

Motivos
Por la bandera.
Por los ríos.
Por las montañas.
Por el sol.
Por la ropa.
Por...

> Para mí, la tarde es amarilla por el sol.

> Yo creo que no, que es naranja.

> Para mí también.

OPINAR

• Para mí...
• Yo creo que no, que es.../ Yo también.

1 ▶ JUEGA CON LOS COLORES Y LOS OBJETOS

¿Quién es?

39

▸▸**1.** Observa la ilustración. Escucha las frases y localiza a cada persona.

a. 4
c. 5   d. 7   f. ☐   h. 3

I am
You are
...

b. 6   e. ☐   i. 2

g. 1

Adivinanzas.

▸▸**2.** Con tu compañero, escribe cuatro frases.

Tiene una mochila negra.

La letra f.

2 ▶ JUEGA CON EL VERBO *GUSTAR*

40

Canción de Manu Chao.

▸▸**1.** Escucha la canción y escribe en tu cuaderno qué le gusta a Manu Chao.

¿Puedes inventar tú una canción?

▸▸**2.** Transforma la canción de Manu Chao con tus gustos.

3 ▶ JUEGA CON LOS SONIDOS

41

Palabras acentuadas en la última sílaba.

▸▸**1.** Escucha, marca la sílaba acentuada y observa. Luego, escucha de nuevo y repite las palabras.

- español
- actividad
- aquí
- bebé
- inglés
- alemán
- rotulador
- reloj
- papá
- Perú
- francés
- marrón

❝ ❝

Tienen el acento en la última sílaba las palabras que...

- terminan en consonante, excepto n y s.
- terminan en vocal, -n o -s, y llevan tilde.

42

▸▸**2.** Escucha y escribe las palabras.

Veintidós, usted, abril, profesor, nacionalidad, capital, catalán, Madrid, veintitrés, azul, Panamá, escribir, papá, José, feliz.

DESCRIBE TU VIDA COTIDIANA.

1. Pablo nos cuenta qué hace un día normal.
Escucha a Pablo y ordena el texto.

4	Voy al instituto en bici.
5	Las clases son a las ocho.
2	Todas las mañanas me levanto a las siete menos cuarto.
6	Salgo a las dos y regreso a casa a comer.
7	Por las tardes no tengo clase.
10	Me voy a la cama a las diez.
3	Me ducho y desayuno.
9	Ceno a las nueve. Luego, leo cómics o mando SMS a los compañeros del instituto.
1	Hola, me llamo Pablo. Tengo 12 años y mi cumpleaños es en mayo.
8	Hago los deberes. Estudio durante una hora. Luego, voy a casa de mi amigo Julio. Jugamos con los videojuegos, escuchamos música, hablamos y navegamos por Internet, nos gusta chatear.

2. Clasifica las actividades de Pablo.

Actividades cotidianas		Actividades de tiempo libre	
levantarse	ir	jugar	navegar
ducharse	salir	escuchar	leer
desayunar	regresar	hablar	mandar
	cenar		

3. ¿Cuántos puntos en común tienes con Pablo?

> Se levanta a las siete menos cuarto. Yo también.

acción

Describe en tu diario un día de tu vida.

Responde a las preguntas:
- ¿En qué mes es tu cumpleaños?
- ¿A qué hora te levantas?
- ¿A qué hora llegas al instituto?
- ¿A qué hora comes?
- ¿A qué hora tomas la merienda?
- ¿A qué hora te vas a la cama?
- ¿Cómo vas al instituto? (andando, en bici, en coche)
- ¿Qué te gusta en el instituto? (el recreo, los amigos, el deporte...)
- ¿Qué no te gusta? (los exámenes, los deberes...)

Un diario abierto:

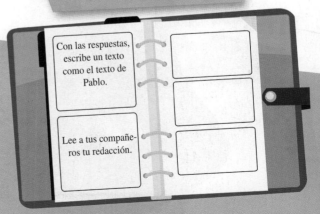

Con las respuestas, escribe un texto como el texto de Pablo.

Lee a tus compañeros tu redacción.

MAGACÍN CULTURAL

http://www.forocultural.com

Q Google

Extensis - F...op Plug-ins   Apple España   Amazon   eBay   Yahoo!   Noticias ▼

Ver mensajes sin respuesta

Foros de discusión

Los jóvenes hablan de su país

Hola. Me llamo Carlos y vivo en Sevilla. Todos los días me levanto a las siete y cuarto. Voy al instituto a las ocho y media. A las dos voy a casa para comer. Después de comer preparo los deberes, veo un poco la tele... y escucho música. Mis cantantes favoritos son David Bisbal, Alejandro Sanz y La Oreja de Van Gogh. Los fines de semana toco el bajo con un grupo de amigos. Me gusta mucho la música.

Habla de tu país
» enviar

1. Cantantes y grupos españoles.

David Bisbal

David Bisbal ya es un gran artista, famoso en España y en toda Sudamérica.

David Bisbal (Almería, Andalucía, 5 de junio de 1979). Está en el mundo de la música desde los 18 años, pero es famoso desde su participación en el concurso de televisión *Operación Triunfo*. Su disco, "Corazón latino", 1 millón de ventas en solo 6 meses. Famoso en España y América: más de 80 conciertos, entrevistas en revistas y en las televisiones de Estados Unidos y Latinoamérica. Tiene un premio Grammy Latino 2003.

¿Quieres más?
Si quieres saber más sobre tu ídolo, mira en www.davidbisbal.com

fotos
prensa
extra
blog
contacto
links

El ocio y la música

1. Lee el texto de Carlos.
a. ¿Tiene los mismos horarios que tú?
b. ¿A ti también te gusta la música?

2. Elige a uno de los cantantes o al grupo. Lee el texto y busca la información.
a. Lugar de origen del grupo o cantante:
b. Discos publicados:
c. Premios:

3. Escribe dos frases sobre tu cantante o grupo. Después, informa a tus compañeros.

La Oreja de Van Gogh

La Oreja de Van Gogh, el grupo de San Sebastián, uno de los mejores grupos de música española.

En 1996 cuatro amigos de San Sebastián (Pablo, Haritz, Álvaro y Xabi), muy buenos músicos, conocen en la universidad a Amaya y forman "La Oreja de Van Gogh", uno de los grupos españoles de más éxito:

• Su primer disco, "Dile al sol", de 1998, es un éxito total. Venden más de 800.000 discos.
• En el 2000 su segundo disco, "El viaje de Copperpot", vende 1.100.000 copias.
• Su tercer disco llega en el 2003: "Lo que te conté mientras te hacías la dormida", en menos de seis meses venden más de un millón de copias. Y en el 2006 un nuevo disco, "Guapa".

¿Quieres más?
Si quieres saber más sobre tu grupo, mira en www.laorejadevangogh.com

Alejandro Sanz

Alejandro Sanz, la mayor estrella de la música española.

Alejandro Sanz (Madrid) empieza a tocar la guitarra a los siete años y con diez ya escribe sus primeras canciones.

Su primer disco, en 1991, con 22 años, "Viviendo deprisa" recibe siete discos de platino en España y vende más de un millón de discos en todo el mundo. Con "Si tú me miras", su segundo disco, y "Alejandro Sanz III", es ya un artista conocido dentro y fuera de España.

Con "Más", su cuarto disco, es ya un mito de la música latina. Escribe sus canciones y las de muchos otros artistas como Malú o Ricky Martin. Después "El alma al aire" y en 2003 "No es lo mismo", un éxito en la carrera musical de este gran artista.

¿Quieres más?
Si quieres saber más sobre tu ídolo, mira en
www.alejandrosanz.com

Interculturalidad

a. ¿Cuáles son tus cantantes favoritos?
b. ¿Son conocidos internacionalmente?
c. ¿Cuáles son los cantantes de tu país más conocidos?

Prepara tu examen

Comunicación

Presentar las actividades cotidianas

¿A qué hora te levantas?

Me levanto a las siete y media.

¿A qué hora llegas al instituto?

Llego a las ocho y media.

Describir objetos: el color

Tienes un libro azul.

Tienes dos mochilas rojas.

Expresar gustos

Me gustan las Matemáticas.

¿Te gusta el Inglés?

Expresar acuerdo y desacuerdo

Me gusta la Educación Plástica.

A mí también.

A mí no.

No me gustan las Ciencias.

A mí tampoco.

A mí sí.

Gramática

El verbo *gustar*

Pronombres personales con el verbo *gustar*

(A mí)	me		dibujar, escribir, leer
(A ti)[1]	te	gusta	el deporte
(A usted, él, ella)	le		la Historia
(A nosotros/as)	nos		
(A vosotros/as)	os		las Matemáticas
(A ustedes, ellos, ellas)	les	gustan	las Ciencias

[1](A vos) te gusta

Interrogativos

▸ ¿Cuáles son...?   ▸ ¿Qué haces...?   ▸ ¿De qué color...?

Los colores: género y número

▸ Negro, negros / negra, negras
▸ Azul, azul / azules, azules
▸ Marrón, marrón / marrones, marrones

El presente de indicativo

	Regular LEVANTARSE	Irregular SALIR
(Yo)	me levanto	salgo
(Tú)[1]	te levantas	sales
(Usted, él, ella)	se levanta	sale
(Nosotros/as)	nos levantamos	salimos
(Vosotros/as)	os levantáis	salís
(Ustedes, ellos, ellas)	se levantan	salen

[1](Vos) te levantás salís

▶ Las actividades cotidianas

- cenar
- comer
- desayunar
- ducharse
- hacer los deberes
- irse a la cama
- levantarse
- tomar la merienda

▶ Los colores

- el amarillo
- el azul
- el blanco
- el gris
- el marrón
- el naranja
- el negro
- el rojo
- el rosa
- el verde
- el violeta

▶ Otras palabras

- el amigo, la amiga
- el árbol
- el bocadillo
- el deporte
- la hora
- la noche
- los padres

- andando (= a pie)
- chatear
- estudiar
- ir en bici
- llegar
- mandar
- navegar por Internet
- pasear
- salir
- terminar

- antes de
- por las tardes

- difícil, difícil

Evalúa tus conocimientos.

1.

COMPRENDO UN TEXTO ESCRITO: UN CHICO HABLA DE SU VIDA.

- [ ] mal
- [ ] regular
- [ ] bien
- [ ] muy bien

Lee y di si es verdadero o falso.

El fin de semana:
Normalmente me levanto a las siete y media, pero los fines de semana me levanto más tarde, a las nueve. Voy con mi perro al parque. A las diez desayuno con mis padres y voy al gimnasio para jugar al fútbol con mis amigos. Después voy a casa a comer. Muchos días comemos en casa de mis abuelos. Por la tarde hago los deberes del instituto y a las seis de la tarde tomo un bocadillo de jamón, de chorizo o de chocolate para merendar. Muchos días voy al cine o salgo con mis amigos. Cenamos a las diez y media de la noche y "chateo" con mis amigos. Me voy a la cama un poco tarde, a las once y media.

	V	F
1. Todos los días se levanta a las 7:30, los fines de semana también.		X
2. Sale con su perro a pasear por la tarde.		X
3. Muchos fines de semana come en casa de sus abuelos.	X	
4. Por la tarde toma un bocadillo.	X	
5. Normalmente se va a la cama pronto, pero los fines de semana a las 11:30.	X	
6. No va al cine.		X

2.

(44) **COMPRENDO UN TEXTO ORAL: DESCRIBIR OBJETOS.**

- [ ] mal
- [ ] regular
- [ ] bien
- [ ] muy bien

Escucha y localiza cuatro errores en la ilustración.

3.

ESCRIBO UN TEXTO: MI RUTINA DIARIA.

- [ ] mal
- [ ] regular
- [ ] bien
- [ ] muy bien

¿Qué haces los lunes? Indica las horas y las actividades.

4.

HABLO DE: LOS GUSTOS.

- [ ] mal
- [ ] regular
- [ ] bien
- [ ] muy bien

Imagina la conversación entre Carolina y Javier.

☺ Bici, guitarra, Matemáticas.
☹ Perros, galletas, baloncesto.

☺ Guitarra, galletas, baloncesto.
☹ Bici, perros, Matemáticas.

Carolina: Me gusta montar en bici.
Javier: A mí no.
Carolina: ...

Módulo  5

PRESENTA A TU FAMILIA

Competencia pragmática

▶ **Eres capaz de...**

» **Presentar a tu familia.**
» **Describir personas: el físico.**
» **Contar hasta cien.**

Competencia gramatical

▶ **Aprendes...**

» **Los adjetivos posesivos.**
» **El adjetivo calificativo.**

Competencias lingüísticas

Competencia léxica

▶ **Conoces...**

» **La familia.**
» **Los adjetivos para describir el físico.**

Competencia fonética

▶ **Pronuncias y escribes...**

» **Las palabras con el acento en la antepenúltima sílaba.**

Conocimiento sociocultural

▶ **Descubres...**

» **La familia española.**

1 ▶ Familia no hay más que una

Sara enseña una foto de su familia a Pedro.
▶a **Escucha y lee el diálogo.**

Sara: Mira, una foto de mi familia, este verano en Granada.

Pedro: A ver... A ver...

Sara: Mira, mi padre se llama José. Y mi madre se llama Elena.

Pedro: ¿Y este es tu abuelo?

Sara: Sí, es el padre de mi padre, se llama Víctor.

Pedro: Y tu abuela, ¿cómo se llama?

Sara: Amelia. Mira... este es mi hermano Lucas, tiene quince años, y mi hermana Elvira.

Pedro: ¿Cuántos años tiene?

Sara: Seis. Este es mi tío Fernando, el hermano de mi padre, con su mujer, mi tía Julia.

Pedro: ¿Son tus primos?

Sara: Sí, mi primo se llama Manuel y tiene cinco años, y mi prima tiene un año, se llama Bea.

Mundo hispano:
nombre
+ apellido del padre
+ apellido de la madre.

▶b **Completa el árbol genealógico de Sara en tu cuaderno.**

Víctor ------ Gil Torrealta   **Amelia** ------ Gómez Albar

Julia Robles Aguirre   Fernando Gil Gómez    José Gil Gómez   **Montesinos** Elena ------ Báez

Manuel Gil Robles   Bea Gil Robles   Sara Gil Montesinos   Lucas Gil Montesinos   Elvira **Gil Montesinos**

▶c **Di si es verdadero o falso.**

	V	F
Lucas es el hermano de Sara.	X	
Víctor es el padre de Elvira.		X
José es el hermano de Fernando.	X	
Manuel es el primo de Lucas.	X	
Víctor es el padre de Fernando.	X	
Julia es la mujer de José.		X
Víctor es el marido de Julia.		X
Amelia es la abuela de Elena.		X

LA FAMILIA

	El	La
Los abuelos	abuelo	abuela
Los padres	padre	madre
Los hermanos	hermano	hermana
Los hijos	hijo	hija
Los tíos	tío	tía
Los primos	primo	prima

El marido y **la** mujer

▶c **Ahora con tu compañero escribe tres frases sobre la familia de Sara: tus compañeros dicen si son verdaderas o falsas.**

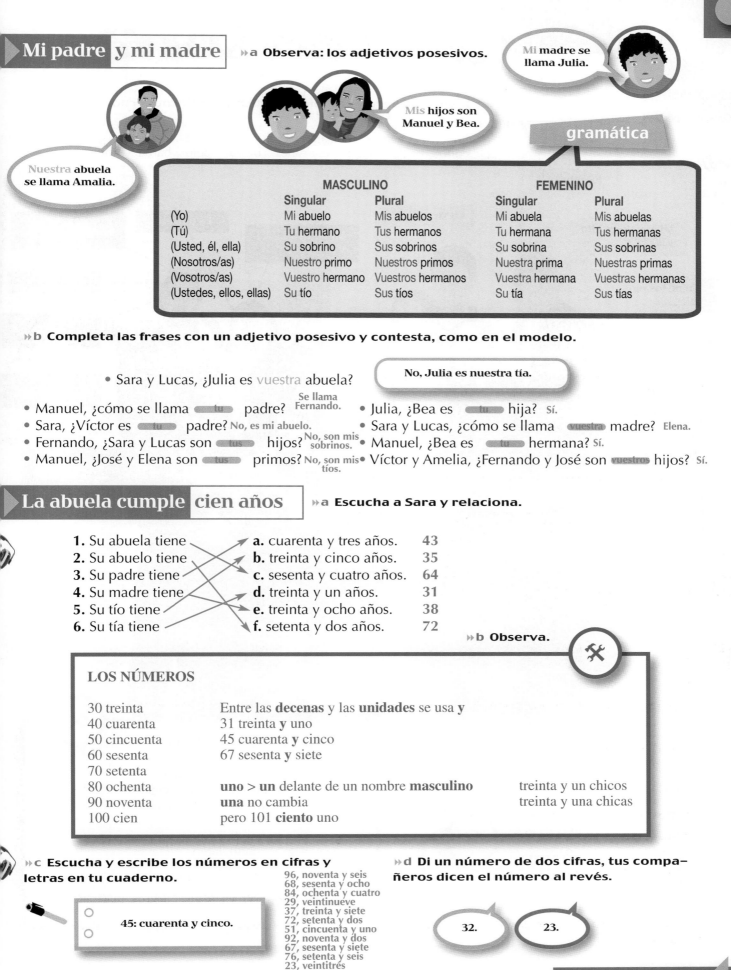

Mi padre y mi madre

»a Observa: los adjetivos posesivos.

Nuestra **abuela** se llama Amalia.

Mi **madre** se llama Julia.

Mis **hijos** son Manuel y Bea.

gramática

	MASCULINO		FEMENINO	
	Singular	**Plural**	**Singular**	**Plural**
(Yo)	Mi abuelo	Mis abuelos	Mi abuela	Mis abuelas
(Tú)	Tu hermano	Tus hermanos	Tu hermana	Tus hermanas
(Usted, él, ella)	Su sobrino	Sus sobrinos	Su sobrina	Sus sobrinas
(Nosotros/as)	Nuestro primo	Nuestros primos	Nuestra prima	Nuestras primas
(Vosotros/as)	Vuestro hermano	Vuestros hermanos	Vuestra hermana	Vuestras hermanas
(Ustedes, ellos, ellas)	Su tío	Sus tíos	Su tía	Sus tías

»b Completa las frases con un adjetivo posesivo y contesta, como en el modelo.

• Sara y Lucas, ¿Julia es vuestra abuela?

> No, Julia es nuestra tía.

• Manuel, ¿cómo se llama tu padre? Se llama Fernando.
• Sara, ¿Víctor es tu padre? No, es mi abuelo.
• Fernando, ¿Sara y Lucas son tus hijos? No, son mis sobrinos.
• Manuel, ¿José y Elena son tus primos? No, son mis tíos.

• Julia, ¿Bea es tu hija? Sí.
• Sara y Lucas, ¿cómo se llama vuestra madre? Elena.
• Manuel, ¿Bea es tu hermana? Sí.
• Víctor y Amelia, ¿Fernando y José son vuestros hijos? Sí.

La abuela cumple cien años

»a Escucha a Sara y relaciona.

1. Su abuela tiene
2. Su abuelo tiene
3. Su padre tiene
4. Su madre tiene
5. Su tío tiene
6. Su tía tiene

a. cuarenta y tres años. 43
b. treinta y cinco años. 35
c. sesenta y cuatro años. 64
d. treinta y un años. 31
e. treinta y ocho años. 38
f. setenta y dos años. 72

»b Observa.

LOS NÚMEROS

30 treinta
40 cuarenta
50 cincuenta
60 sesenta
70 setenta
80 ochenta
90 noventa
100 cien

Entre las **decenas** y las **unidades** se usa **y**
31 treinta **y** uno
45 cuarenta **y** cinco
67 sesenta **y** siete

uno > **un** delante de un nombre **masculino**   treinta y un chicos
una no cambia   treinta y una chicas
pero 101 **ciento** uno

»c Escucha y escribe los números en cifras y letras en tu cuaderno.

45: cuarenta y cinco.

96, noventa y seis
68, sesenta y ocho
84, ochenta y cuatro
29, veintinueve
37, treinta y siete
72, setenta y dos
51, cincuenta y uno
92, noventa y dos
67, sesenta y siete
76, setenta y seis
23, veintitrés

»d Di un número de dos cifras, tus compa–ñeros dicen el número al revés.

32.   23.

1 ▶ Mi tío es alto

▶a **Escucha a Sara y completa las fichas en tu cuaderno.**

> alto liso negros delgado azules baja rubia rizado gorda
> corto verdes largo marrones bigote pelo barba moreno

Es calvo.

Lleva _barba_ .

Mi abuelo es alto y _delgado_ .

Mi tía es _baja_ y delgada.

Es morena.

Tiene el pelo _corto_ y _liso_ .

Tiene los ojos _azules_ .

Es _moreno_ .

Es _rubia_ .

Lleva gafas, barba y _bigote_ .

Mi abuela es baja y un poco _gorda_ .

Tiene los ojos _verdes_ .

Tiene el _pelo_ corto y rizado.

Tiene los ojos _negros_ .

Tiene los ojos _marrones_ .

Mi tío es _alto_ y gordo.

Tiene el pelo _largo_ y _rizado_ .

DESCRIBIR A UNA PERSONA

Es alto, bajo	Es alta, baja
Es gordo, delgado	Es gorda, delgada
Es rubio, moreno	Es rubia, morena
Es calvo	

Tiene el pelo	corto, largo
	liso, rizado
Tiene los ojos	verdes, azules, negros, marrones
Lleva	gafas, barba, bigote

▶b **Descríbete a ti mismo.**

PARA DESCRIBIRTE

Soy...
Tengo...
Llevo...

Los nombres de mis amigos

»a Observa la ilustración y escribe los nombres de los chicos en tu cuaderno.

SON ALTOS Y RUBIOS:	Antonio, Fernando y Rafa
SON BAJOS:	Natalia, Rubén y Paco
LLEVAN GAFAS:	Rafa
SON MORENOS:	Elvira, Elena, Laura y Paco
NO TIENEN EL PELO LARGO:	Antonio, Fernando, Natalia, Rafa, Lola, Laura, Rubén y Paco
NO TIENEN EL PELO LISO Y NO SON RUBIAS	Elvira y Laura

»b Escucha. ¿Quién es?

»c Describe a un personaje. Tus compañeros dicen su nombre.

Es... Penélope Cruz.

Fernando Alonso
Deportista

Penélope Cruz
Actriz

Enrique Iglesias
Cantante

Shakira
Cantante

Rafael Nadal
Deportista

Es morena. Es...

PARA ADIVINAR

un hombre / una mujer
joven / mayor
un actor / una actriz
un deportista / una deportista
un cantante / una cantante
un presentador / una presentadora

Sale por la tele

»d Piensa en un personaje famoso de tu país. Tus compañeros adivinan quién es.

- ¿Es una mujer?
- ¿Es una actriz?
- ¿Es rubia?
- ¿Tiene el pelo largo?
- ¿Es guapa?
- ...

- Sí
- Sí
- No, es morena
- Sí
- Sí

¡A divertirse!

1 ▸ JUEGA CON LAS PERSONAS

¿Quién es...?

▸1. Escucha a Marcos y localiza a cada miembro de su familia.

▸2. Escucha a Marcos y calcula la edad de cada persona.

Carlos 13, la hermana 18, la madre 39, el padre 41, el abuelo 80, la abuela 74, la prima 15, el primo 10 y el tío 35.

▸3. Con tu compañero, di cuatro frases. La clase indica de quién hablas.

Es campeona de surf. — El número 1.

Le gusta leer. — El número 18.

2 ▸ JUEGA CON LOS SONIDOS

Palabras acentuadas en la antepenúltima sílaba.

▸1. Escucha y observa. Luego, escucha de nuevo y repite las palabras.

- matemáticas
- jóvenes
- bolígrafo
- música
- página
- pájaro

Tienen el acento en la antepenúltima sílaba todas las palabras que...

- Llevan tilde en esa sílaba.

▸2. Busca en tu libro 10 palabras con el acento en la antepenúltima sílaba. Dicta las palabras a tus compañeros.

Acción

1. Piensa en las personas de tu familia:

Nombre y apellido(s)

Tus padres
Tus hermanos
Tus abuelos

Edades

2. Dibuja el árbol de tu familia.

3. ¿Cómo son?

Piensa en tres características físicas.
Piensa también en algo que le guste a cada uno: deporte, afición...

4. Con la información anterior, escribe en tu cuaderno un texto sobre tu familia.

Acción

La familia de tu compañero.

Explica a tu compañero cómo es tu familia. Tu compañero te explica la suya. Haz todas las preguntas necesarias y dibuja su árbol genealógico.

¿Tenéis una familia parecida? ¿Qué es igual y qué es diferente?

Los dos tenemos
tres hermanos, pero
yo tengo...

MAGACÍN CULTURAL

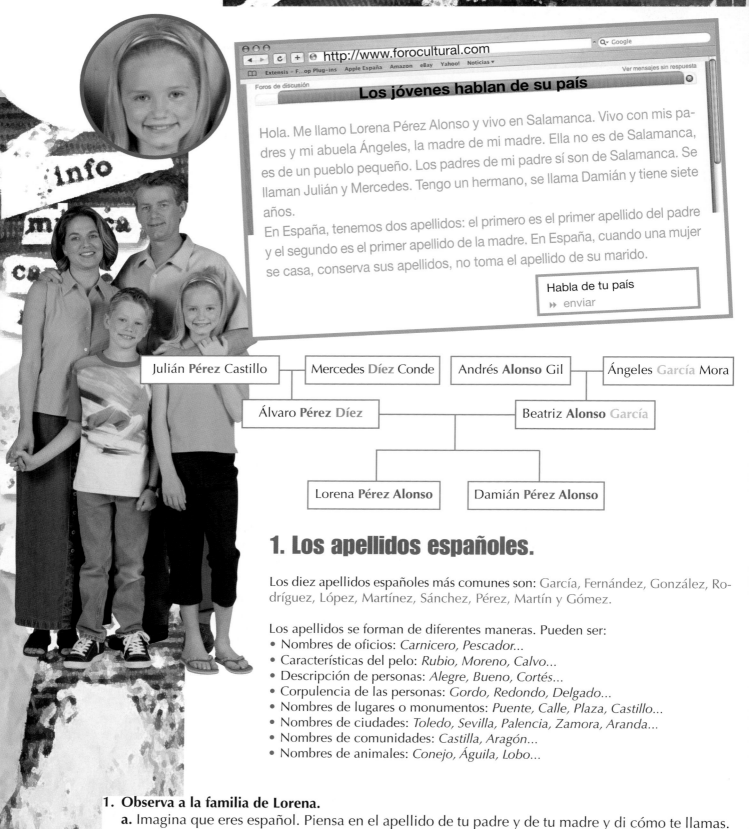

http://www.forocultural.com

Ver mensajes sin respuesta

Foros de discusión

Los jóvenes hablan de su país

Hola. Me llamo Lorena Pérez Alonso y vivo en Salamanca. Vivo con mis padres y mi abuela Ángeles, la madre de mi madre. Ella no es de Salamanca, es de un pueblo pequeño. Los padres de mi padre sí son de Salamanca. Se llaman Julián y Mercedes. Tengo un hermano, se llama Damián y tiene siete años.

En España, tenemos dos apellidos: el primero es el primer apellido del padre y el segundo es el primer apellido de la madre. En España, cuando una mujer se casa, conserva sus apellidos, no toma el apellido de su marido.

Habla de tu país
▸▸ enviar

Julián **Pérez** Castillo — Mercedes **Díez** Conde — Andrés **Alonso** Gil — Ángeles García Mora

Álvaro **Pérez Díez** — Beatriz **Alonso** García

Lorena **Pérez Alonso** — Damián **Pérez Alonso**

1. Los apellidos españoles.

Los diez apellidos españoles más comunes son: García, Fernández, González, Rodríguez, López, Martínez, Sánchez, Pérez, Martín y Gómez.

Los apellidos se forman de diferentes maneras. Pueden ser:
• Nombres de oficios: *Carnicero, Pescador...*
• Características del pelo: *Rubio, Moreno, Calvo...*
• Descripción de personas: *Alegre, Bueno, Cortés...*
• Corpulencia de las personas: *Gordo, Redondo, Delgado...*
• Nombres de lugares o monumentos: *Puente, Calle, Plaza, Castillo...*
• Nombres de ciudades: *Toledo, Sevilla, Palencia, Zamora, Aranda...*
• Nombres de comunidades: *Castilla, Aragón...*
• Nombres de animales: *Conejo, Águila, Lobo...*

1. Observa a la familia de Lorena.
  a. Imagina que eres español. Piensa en el apellido de tu padre y de tu madre y di cómo te llamas.
  b. Lee los apellidos más frecuentes y elige los que más te gustan. Inventa un nombre español.

La familia española

2. Una redacción sobre la familia.

Me gusta estar con mi familia. Con ella hago muchas cosas. El día de mi cumpleaños o el de mi hermano, hacemos una merienda por la tarde, con tarta y velas. Siempre me regalan muchas cosas. Cuando es el cumpleaños de mi abuela, vienen a casa a comer todos mis tíos y mis primos, hacemos una gran fiesta. Los fines de semana, por la mañana, damos un paseo por el centro de Salamanca y los domingos la abuela prepara una gran paella para todos.

En Navidad, el 24 de diciembre –la Nochebuena– cenamos con mi abuelo Julián y mi abuela Mercedes, y con los hermanos de mi padre, mis tíos, y con mis primos. Lo pasamos muy bien. El día de Navidad, el 25 de diciembre, comemos con la familia de mi madre, la abuela Ángeles, mis tíos y mis primos. El día de los Reyes Magos, el 6 de enero, abrimos los regalos y, después, vamos a casa de mis abuelos paternos. Allí nos encontramos con mis primos: hay regalos de Reyes para todos.

En verano, normalmente, pasamos unos días en la casa de mi abuela materna en el pueblo; y una o dos semanas en un apartamento que mis abuelos paternos tienen en la playa.

Paella.

Cena de Navidad.

1. Relaciona las actividades con las fechas.

a. Hacen una comida especial y hay regalos.
b. Se celebra una merienda con tarta y regalos.
c. Comen una paella.
d. Dan un paseo por la ciudad.
e. Cenan todos juntos: abuelos, padres, tíos, primos, etc.
f. Recogen los regalos de los Reyes.
g. Pasan unas semanas juntos en el pueblo y en la playa.

1. El seis de enero.
2. Los domingos.
3. El cumpleaños de la abuela.
4. El veinticuatro de diciembre.
5. Los fines de semana.
6. En verano.
7. El cumpleaños de los chicos.

Interculturalidad

Escribe un texto sobre tu familia y compárala con la familia de Lorena:
a. ¿Cuántos y cómo sois?
b. ¿Cuántos apellidos tienes? ¿Cuál es el apellido de tu familia?
c. ¿Cuáles son los apellidos más frecuentes en tu país?
d. ¿Qué actividades hacéis juntos?
e. ¿Qué costumbres tenéis?

Comunicación

Presentar a la familia

Este es mi hermano Lucas.

Mi padre se llama José.

Tengo dos hermanos.

Mi abuelo tiene setenta años.

Describir personas: el físico

Es alto y delgado.

Es rubia.

Tiene el pelo corto y liso.

Lleva gafas.

Lleva bigote.

Contar hasta cien

Gramática

Los adjetivos posesivos

	MASCULINO		FEMENINO	
	Singular	**Plural**	**Singular**	**Plural**
(Yo)	Mi **abuelo**	Mis **abuelos**	Mi **abuela**	Mis **abuelas**
(Tú)	Tu **hermano**	Tus **hermanos**	Tu **hermana**	Tus **hermanas**
(Usted, él, ella)	Su **sobrino**	Sus **sobrinos**	Su **sobrina**	Sus **sobrinas**
(Nosotros/as)	Nuestro **primo**	Nuestros **primos**	Nuestra **prima**	Nuestras **primas**
(Vosotros/as)	Vuestro **hermano**	Vuestros **hermanos**	Vuestra **hermana**	Vuestras **hermanas**
(Ustedes, ellos, ellas)	Su **tío**	Sus **tíos**	Su **tía**	Sus **tías**

El adjetivo calificativo

▷ Alt**o**, alt**a**
▷ Delgad**o**, delgad**a**

Tu diccionario

▶ Los números hasta cien

▸ treinta ▸ cuarenta ▸ cincuenta ▸ sesenta ▸ setenta ▸ ochenta ▸ noventa ▸ cien / ciento...

▶ La familia

- ▸ los abuelos
- ▸ el abuelo, la abuela
- ▸ los padres
- ▸ el padre, la madre
- ▸ los hermanos
- ▸ el hermano, la hermana
- ▸ los hijos

- ▸ el hijo, la hija
- ▸ los tíos
- ▸ el tío, la tía
- ▸ los primos
- ▸ el primo, la prima
- ▸ el marido
- ▸ la mujer

▶ Adjetivos para describir personas

- ▸ alto, alta
- ▸ bajo, baja
- ▸ calvo
- ▸ delgado, delgada
- ▸ gordo, gorda
- ▸ guapo, guapa
- ▸ joven

- ▸ mayor
- ▸ moreno, morena
- ▸ rubio, rubia

▶ Otras palabras

- ▸ el actor, la actriz
- ▸ el árbol genealógico
- ▸ la barba
- ▸ el bigote
- ▸ el deportista, la deportista
- ▸ el cantante, la cantante
- ▸ las gafas
- ▸ el hombre, la mujer
- ▸ el oficio

- ▸ los ojos
- ▸ el pelo corto
- ▸ el pelo largo
- ▸ el pelo liso
- ▸ el pelo rizado

- ▸ alegre, alegre
- ▸ bueno, buena
- ▸ cortés, cortés
- ▸ diferente, diferente
- ▸ joven, joven
- ▸ redondo, redonda

Evalúa tus conocimientos.

1.

COMPRENDO UN TEXTO ESCRITO: DESCRIPCIÓN DE PERSONAS.

Lee las descripciones y dibuja las caras.

1. Sandra es rubia. Tiene el pelo largo y muy rizado. Sus ojos son grandes y verdes. Lleva gafas marrones. Le gustan los gatos, leer y los caramelos.

2. El abuelo de Sandra tiene el pelo gris, corto y rizado. Lleva un bigote negro y una barba gris muy larga. Sus ojos son azules. Le gustan los bocadillos de jamón, escuchar música clásica, la montaña y el invierno.

2.

(53) 🎧 **COMPRENDO UN TEXTO ORAL: IDENTIFICO PERSONAS.**

Escucha y localiza a los amigos de Juan.

Rafa   Julián   Lola
2.   3.   4.
1.
Marta
Yo soy Juan.

3.

📝 **ESCRIBO UN TEXTO: SOBRE MI FAMILIA.**

Presenta a tu familia.
- Indica los nombres.
- Las edades.
- Cómo son.

4.

 HABLO: PERSONAS.

Termina la conversación.

Alicia: ¡Adivina quién es mi deportista favorito!
César: ¡Vale! ¿Cómo es?
Alicia: Pues...

Módulo

Acción

IMAGINA TU HABITACIÓN IDEAL

Competencia pragmática

▶ Eres capaz de...

» **Describir tu casa.**
» **Situar en el espacio.**
» **Expresar existencia: decir qué hay.**
» **Dar una dirección postal.**

Competencias lingüísticas

Competencia gramatical

▶ Aprendes...

» **Hay + un/a, dos... + palabra en plural.**
» **El / la / los / las + está(n).**
» **Presente de indicativo: estar.**
» **Las expresiones de lugar.**

Competencia léxica

▶ Conoces...

» **La casa: habitaciones y elementos.**
» **La habitación: los muebles y objetos.**
» **Los ordinales: primero, segundo...**

Competencia fonética

▶ Pronuncias y escribes...

» **El acento escrito.**

Conocimiento sociocultural

▶ Descubres...

» **La vivienda en España.**

11 lección ¿Dónde vives?

1 ▸ Calle Arenal, número 12

»a **Observa la invitación, escucha a Alicia y Pedro, y lee el diálogo.**

54

Te invito a mi fiesta el próximo sábado a las 18:00

Calle Arenal, 12 3º A.
28013 Madrid

La cocina

El cuarto de baño

El salón

La terraza

El comedor

El dormitorio

Alicia: Oye, Pedro, te invito este sábado a una fiesta en mi casa.
Pedro: ¿En tu casa?
Alicia: Sí, vivo en un piso muy grande.
Hay un salón muy grande con terraza, un comedor, una cocina, cuatro dormitorios y dos cuartos de baño.
Pedro: ¡Qué bien! Bueno, pues, ¿dónde vives?
Alicia: En la calle Arenal, número doce, en el tercer piso, en la puerta A.
Pedro: Pues nos vemos en tu casa.

»b **¿Verdadero o falso?**

	V	F
1. En el piso de Alicia hay tres dormitorios.		X
2. Hay un cuarto de baño.		X
3. Hay dos cocinas.		X
4. Hay un salón.	X	
5. En la casa de Alicia no hay terraza.		X
6. Alicia vive en el tercer piso.	X	

EXPRESAR EXISTENCIA

En casa de Alicia	hay	un salón. una cocina. tres habitaciones.

2 ▸ Se usa para...

»a **Describe qué haces en una habitación. Tus compañeros dicen qué habitación es.**

En esta habitación veo la televisión, leo.

Es el salón.

Cocinar
Estudiar
Comer
Leer
Ver la televisión
Ducharse
Lavarse los dientes
Desayunar
Etc.

3 ▸ ¿Cómo es tu casa?

»a **Describe tu casa.**

Vivo en un piso, con mis padres, mi abuelo y mi hermana. En mi piso hay una cocina...

Vivo en Madrid | C/ Mayor, 5. 4.° dcha.

»a **Relaciona.**

Calle Mayor

Plaza de España

Avenida de Puerta de Hierro

Paseo de Recoletos

Glorieta de Cuatro Caminos

ORDINALES

1.° primero
2.° segundo
3.° tercero
4.° cuarto
5.° quinto
6.° sexto
7.° séptimo
8.° octavo
9.° noveno
10.° décimo

1. número f
2. paseo g
3. plaza h
4. derecha c
5. glorieta e
6. izquierda d
7. avenida a
8. calle b

a. Avda.
b. C/
c. Dcha.
d. Izda.
e. Gta.
f. N.°
g. P.°
h. Pza.

¿Cómo se pone la dirección?

»b **Observa estas direcciones, escucha y marca las que oyes.**

Belén Luján Martínez
P.° Acacias, 98 - 5.° A
08027 Barcelona   X

Francisco Lafuente Gómez
C/ Aragón, 154-6.° C
44002 Teruel   X

Verónica López Higuera
Avd. Aragón, 23-2.° C
46010 VALENCIA

Rafel García Gil
C/ Acacias, 98-1.° C
37004 Salamanca

Belén Muñoz Jiménez
Pza. Aragón, 5-6.° B
41006 Sevilla

»c **Ahora, escribe unos sobres a unos amigos españoles. Utiliza los nombres de calles del plano. Inventa los números.**

¿Dónde vives?

»a **Aquí tienes un plano de Madrid, donde vas a pasar unas vacaciones. Elige una calle y da tu dirección.**

Vivo en la calle...
número...
puerta...

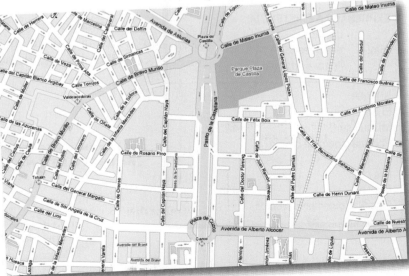

12 lección — Mi habitación

1 ▶ Amuebla la casa a tu gusto

▶a **¿Qué hay en el salón? Sitúa los muebles y explícalo.**

> En el salón hay un sofá, una mesa, un sillón y una planta.

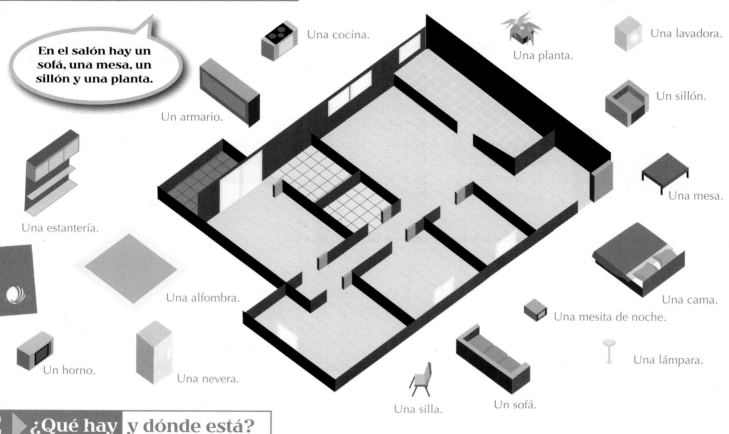

Una cocina.

Una planta.

Una lavadora.

Un sillón.

Un armario.

Una mesa.

Una estantería.

Una alfombra.

Una cama.

Una mesita de noche.

Una lámpara.

Un horno.

Una nevera.

Una silla.

Un sofá.

2 ▶ ¿Qué hay y dónde está?

▶a **Observa.**

gramática

EXPRESAR LA EXISTENCIA

Hay + un / una…
dos / tres…
nombre en plural

SITUAR

El / la…
Mi / tu / su…   **está**…
Persona o nombre propio

Los / las…
Mis / tus / sus…   **están**…
Personas o nombres propios

▶b **Forma frases.**

- En el comedor
- En el salón
- En la cocina
- En la habitación
- En el cuarto de baño

hay
está
están

- mis libros.
- sillas.
- un sofá.
- el ordenador.
- una mesa.
- dos camas.
- un reloj.
- una librería.
- una alfombra.
- una planta.
- la televisión.

▶c **Forma cinco frases con HAY. Tu compañero las transforma con ESTÁ o ESTÁN.**

> En la cocina hay una planta.

> La planta está en la cocina.

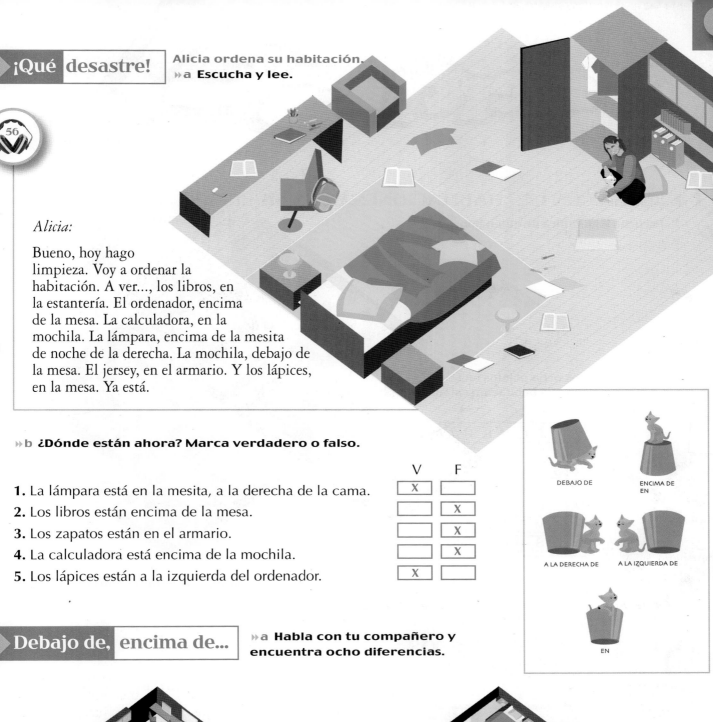

¡Qué desastre!

Alicia ordena su habitación.
»a **Escucha y lee.**

Alicia:

Bueno, hoy hago limpieza. Voy a ordenar la habitación. A ver..., los libros, en la estantería. El ordenador, encima de la mesa. La calculadora, en la mochila. La lámpara, encima de la mesita de noche de la derecha. La mochila, debajo de la mesa. El jersey, en el armario. Y los lápices, en la mesa. Ya está.

»b **¿Dónde están ahora? Marca verdadero o falso.**

	V	F
1. La lámpara está en la mesita, a la derecha de la cama.	X	
2. Los libros están encima de la mesa.		X
3. Los zapatos están en el armario.		X
4. La calculadora está encima de la mochila.		X
5. Los lápices están a la izquierda del ordenador.	X	

DEBAJO DE

ENCIMA DE
EN

A LA DERECHA DE

A LA IZQUIERDA DE

EN

Debajo de, encima de...

»a **Habla con tu compañero y encuentra ocho diferencias.**

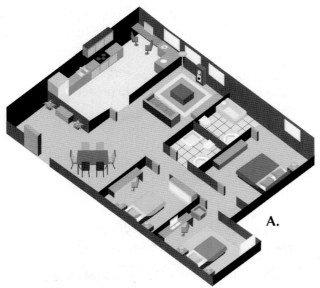

A.

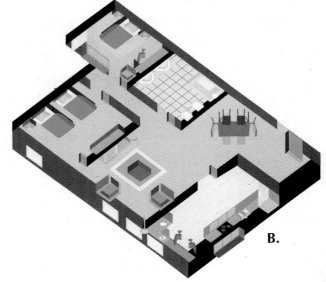

B.

1 ▶ JUEGA CON LAS HABITACIONES Y LOS MUEBLES

57 ▸▸1. Escucha e identifica de quién habla.

madre

abuelo

yo

abuela

6

1

2

3

▸▸2. Encuentra estos ocho objetos en la sopa de letras. Di en qué habitación están...

dormitorio

a

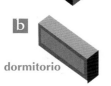

A	L	F	O	M	B	R	A	R	A
C	X	R	T	M	L	T	R		
A	S	I	L	L	A	M	M		
M	O	V	L	N	T	E	A		
A	F	B	T	L	R	S	R		
L	A	M	P	A	R	A	I		
M	E	S	I	L	L	A	O		

h

salón

b

dormitorio

5

padre

4   hermana

▸▸3. Haz tú una sopa de letras con tu compañero.

c   d

dormitorio   salón   e   f   comedor   g

comedor   salón

2 ▶ JUEGA CON LOS OBJETOS

¿Qué hay en tu aula de español? ¿Dónde está?

▸▸1. Escribe ocho frases.

▸▸2. Adivinamos. Lee tus frases. La clase dice qué objeto es.

○ Está a la derecha
○ de la puerta.

Está a la derecha de la puerta, ¿qué es?

El póster.

3 ▶ JUEGA CON LOS SONIDOS

El acento escrito.

▸▸1. Escribe en tu cuaderno el acento si es necesario.

■ □ □		□ ■ □		□ □ ■	
• número	• pájaro	• cocina	• lápiz	• salón	• abril
• física	• sábado	• pasillo	• Víctor	• comedor	• sofá
• sílaba	• exámenes	• fútbol	• estante	• ciudad	• jardín
• jóvenes	• página	• escuchan	• amigos	• reloj	• habitación

58 ▸▸2. Escucha y clasifica las palabras en tu cuaderno como en el cuadro del ejercicio 1. ¡No olvides los acentos!

último, matemáticas, lámpara.

gafas, bici, coche, lunes, alfombra, joven, móvil, galleta, mujer.

pintar, inglés, cojín, escribís, escriben, balcón, actividad, azul.

Acción

LA HABITACIÓN IDEAL

1. CREA.

Vas a crear tu habitación ideal. Primero elige la habitación que te gusta.

CUADRADA

CON BALCÓN

RECTANGULAR

CON BAÑO

2. DISEÑA.

Ahora escoge los muebles que quieres y sitúalos en tu plano. Puedes añadir más muebles.

Cama

Mesa de escritorio

Estantería

Ordenador   Casete

Sillón   Silla   Armario

3. IMAGINA.

Escribe ahora un texto en el que describes tu habitación ideal.

> Mi habitación ideal es grande. Tiene una terraza. A la derecha hay una cama. A la izquierda de la cama hay…

DESCRIBE.
Habla con tu compañero. Describe cómo es tu habitación ideal. Tu compañero dibuja en su cuaderno tu habitación. Dale todos los detalles. ¿Se parece el dibujo a la habitación de tus sueños?

MAGACÍN CULTURAL

1. Tipos de casas y las direcciones.

http://www.forocultural.com

Extensis - F...op Plug-ins   Apple España   Amazon   eBay   Yahoo!   Noticias ▾

Ver mensajes sin respuesta

Foros de discusión

Los jóvenes hablan de su país

Hola, me llamo Marta. Vivo en Madrid, en un piso de cuatro habitaciones con mi madre, mi padre y mi hermano. Mi dirección es avenida del Mediterráneo, 33, tercero A.

En España, para decir la dirección, primero decimos el nombre de la calle, plaza, avenida, paseo... luego el número de la puerta en la calle, después el piso (bajo, primero, segundo, tercero, cuarto, quinto, sexto, séptimo, octavo, noveno, décimo...) y luego la letra de la puerta.

Los fines de semana vamos a Pozuelo (muy cerca de Madrid) a casa de mi abuela materna. Vive en un chalet con jardín.

En julio, vamos a casa de mis abuelos paternos al pueblo. Está en Galicia, a quince kilómetros de Santiago de Compostela. Allí nos reunimos toda la familia: nosotros, mis tíos y mis primos.

Y en agosto vamos dos semanas a un piso que alquilamos en la playa.

Habla de tu país
▸▸ enviar

Plaza Cánovas del Castillo.

Plaza Mayor.

Paseo de la Castellana.

Calle Mira el Río.

Apartamentos en la playa.

Chalet.

Casa de pueblo.

1. ¿Dónde prefieres vivir?
a. En un piso en la ciudad.
b. En un chalet cerca de una ciudad.
c. En una casa en el campo.
d. En un piso cerca de la playa.

2. Lee el texto de Marta y responde a las preguntas:
a. ¿Dónde vive? Viven en Madrid, en la avenida del Mediterráneo, 33, tercero A.
b. ¿Por qué va los fines de semana a Pozuelo? Porque allí vive su abuela.
c. ¿Dónde pasa las vacaciones? En julio en el pueblo de sus abuelos y en agosto en la playa.
d. ¿Tiene un piso en la playa? No, lo alquilan.

2. El concepto de salón.

1. Lee el texto sobre el salón en España y observa las fotos. Responde a las preguntas.

   a. ¿Cuál de los tres salones crees que es más frecuente en España? **El 3.**

   b. ¿Qué tienen en común los tres salones? **Que tienen sofás y un espacio para reunirse.**

   c. ¿En qué se parece el salón normal en tu país con el salón español? ¿En qué es diferente?

El concepto de *salón* o *cuarto de estar*

En España el cuarto de estar o salón es el centro de la vida familiar, es la habitación más importante: es la habitación para estar, leer, ver la televisión, hablar o para recibir a los invitados, y también para comer. En la mayoría de los salones de las casas españolas hay un gran mueble con la televisión. En el mueble hay también muchas fotos y adornos, recuerdos de la familia, y libros. Enfrente hay un sofá y una mesa pequeña. En un lado hay una mesa grande y seis sillas para comer. En las paredes hay muchos cuadros y adornos.

1.

2.

3.

Interculturalidad

   a. Y en tu país, ¿cómo se indica una dirección en una carta o en una postal?

   b. ¿Dónde vives, en un piso, en una casa, en un chalet...? ¿Dónde pasas los fines de semana? ¿Y las vacaciones?

   c. ¿Cuál es la habitación de una casa más importante en tu país? ¿En qué habitación pasas más tiempo?

   d. ¿Dónde estudias, escuchas música, ves la tele, lees, comes...?

   e. Si invitas a varios amigos a tu casa, ¿dónde estás, en tu habitación o en el salón?

Comunicación

Describir la vivienda

Vivo en un piso.

Mi piso es grande.

Mi casa tiene tres habitaciones.

La cocina está a la izquierda del comedor.

Esta es la habitación.

Situar en el espacio

La mesa está en el salón.

La mesita está a la derecha de la cama.

Expresar existencia

En el comedor hay una mesa y cuatro sillas.

En la cocina hay dos sillas.

Gramática

Hay + un / una / dos... / palabra en plural

▷ Hay un libro sobre la mesa.
▷ En la cocina hay una mesa.
▷ Hay cuatro libros en mi habitación.
▷ Hay plantas en la terraza.

El verbo *estar*, en presente de indicativo

	ESTAR
(Yo)	estoy
(Tú)[1]	estás
(Usted, él, ella)	está
(Nosotros, nosotras)	estamos
(Vosotros, vosotras)	estáis
(Ustedes, ellos, ellas)	están
[1] *(Vos)*	*estás*

El / La / Los / Las + está(n) para situar

▷ El libro está en la mesa.
▷ La mesa está a la derecha del sofá.

Preposiciones de lugar

▷ debajo de
▷ encima de
▷ a la derecha de
▷ a la izquierda de
▷ en

Vocabulario

▸ Las habitaciones de la casa

- la cocina
- el comedor
- el cuarto de baño
- el dormitorio
- la habitación
- el salón
- la terraza

▸ Muebles

- el armario
- la cama
- la estantería
- el estante
- la mesa
- la mesita de noche
- la silla
- el sillón
- el sofá

▸ Elementos y objetos de la casa

- la alfombra
- el horno
- la lámpara
- la lavadora
- la nevera
- la puerta
- la ventana

▸ Adjetivos

- grande, grande
- ideal, ideal

▸ Otras palabras

- el apartamento
- el chalet
- el piso
- el plano
- la planta

Evalúa tus conocimientos.

1.

 COMPRENDO UN TEXTO ESCRITO: DESCRIPCIÓN DE UNA CASA.

☐ mal
☐ regular
☐ bien
☐ muy bien

a. Lee e indica qué casa se describe.

Vivo en una casa. Es grande. Tiene una cocina, un salón-comedor, dos habitaciones, un cuarto de baño y un jardín. La cocina tiene una terraza muy grande con plantas. Mi habitación está a la derecha del salón-comedor. En el jardín hay árboles, flores y una mesa con cuatro sillas para comer en verano.

terraza
cocina
cuarto de baño
B.
A.
salón
habitación
jardín

b. Escribe el nombre de cada habitación.

2.

(59) 🎧 COMPRENDO UN TEXTO ORAL: IDENTIFICO OBJETOS.

☐ mal
☐ regular
☐ bien
☐ muy bien

Escucha las frases y observa el salón. Identifica el objeto e indica el color.

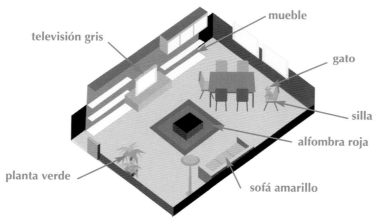

mueble
televisión gris
gato
silla
alfombra roja
planta verde
sofá amarillo

3.

 ESCRIBO UN TEXTO: SOBRE MI CASA.

☐ mal
☐ regular
☐ bien
☐ muy bien

Describe tu casa: indica el nombre de las habitaciones, dónde están y qué hay en cada una.

4.

💬 HABLO: SOBRE MI HABITACIÓN.

☐ mal
☐ regular
☐ bien
☐ muy bien

Imagina la conversación.

César: ¿Cómo es tu habitación?
David: Pues...

Apéndice gramatical

▸▸ CUADROS DE CONJUGACIONES

Verbos regulares

	-AR HABLAR	-ER RESPONDER	-IR ESCRIBIR
(Yo)	hablo	respondo	escribo
(Tú) [1]	hablas	respondes	escribes
(Usted, él, ella)	habla	responde	escribe
(Nosotros/as)	hablamos	respondemos	escribimos
(Vosotros/as)	habláis	respondéis	escribís
(Ustedes, ellos, ellas)	hablan	responden	escriben
[1] (Vos)	hablás	respondés	escribís

Verbos reflexivos

	LLAMARSE	LEVANTARSE
(Yo)	me llamo	me levanto
(Tú) [1]	te llamas	te levantas
(Usted, él, ella)	se llama	se levanta
(Nosotros/as)	nos llamamos	nos levantamos
(Vosotros/as)	os llamáis	os levantáis
(Ustedes, ellos ellas)	se llaman	se levantan
[1] (Vos)	te llamás	te levantás

Verbos irregulares

	SER	ESTAR	TENER	HACER	SALIR
(Yo)	soy	estoy	tengo	hago	salgo
(Tú) [1]	eres	estás	tienes	haces	sales
(Usted, él, ella)	es	está	tiene	hace	sale
(Nosotros/as)	somos	estamos	tenemos	hacemos	salimos
(Vosotros/as)	sois	estáis	tenéis	hacéis	salís
(Ustedes, ellos, ellas)	son	están	tienen	hacen	salen
[1] (Vos)	sos	estás	tenés	hacés	salís

⟩⟩GRAMÁTICA

1. LOS ARTÍCULOS: DEFINIDOS E INDEFINIDOS.

	ARTÍCULOS DEFINIDOS			ARTÍCULOS INDEFINIDOS	
	Masculino	Femenino		Masculino	Femenino
Singular	el libro	la goma	Singular	un libro	una goma
Plural	los libros	las gomas	Plural	unos libros	unas gomas

2. LOS SUSTANTIVOS: MASCULINOS Y FEMENINOS, SINGULARES Y PLURALES.

MASCULINO	FEMENINO
Palabras terminadas en -o	**Palabras terminadas en -a**
Palabras terminadas en -or	*goma, profesora*
cuaderno, profesor	
SINGULAR	**PLURAL**
Palabras terminadas en vocal	**+ -s**
libro, goma, estuche	*libros, gomas, estuches*
Palabras terminadas en consonante	**+ -es**
rotulador, español	*rotuladores, españoles*
Palabras terminadas en -z	**-z > -ces**
lápiz	*lápices*
el sacapuntas	*los sacapuntas*

Las tijeras (siempre en plural).

3. LA NACIONALIDAD: MASCULINOS Y FEMENINOS, SINGULARES Y PLURALES.

MASCULINO	FEMENINO
Terminadas en consonante	**Terminadas en consonante: + -a**
español - alemán	*española - alemana*
Terminadas en -o	**-o cambia a -a**
italiano - griego	*italiana - griega*

Especial:
Terminada en -a: no cambia: *belga > belga*
Terminada en -e: no cambia: *canadiense > canadiense*
Terminada en -í: no cambia: *marroquí > marroquí*

4. LOS COLORES: MASCULINOS Y FEMENINOS, SINGULARES Y PLURALES.

MASCULINO	FEMENINO
Terminados en -o	**-o > -a**
negro, blanco,	*negra, blanca,*
amarillo, rojo	*amarilla, roja*
verde azul marrón	
rosa naranja violeta	

SINGULAR	PLURAL
Terminadas en vocal	**+ -s**
blanco, rosa,	*blancos, rosas,*
amarilla, verde	*amarillas, verdes*
Terminadas en consonante	**+ -es**
gris, azul	*grises, azules*
marrón	*marrones (sin tilde)*

5. LOS NÚMEROS: CARDINALES Y ORDINALES.

LOS CARDINALES

1 uno	11 once	21 veintiuno	31 treinta y uno
2 dos	12 doce	22 veintidós	40 cuarenta
3 tres	13 trece	23 veintitrés	50 cincuenta
4 cuatro	14 catorce	24 veinticuatro	60 sesenta
5 cinco	15 quince	25 veinticinco	70 setenta
6 seis	16 dieciséis	26 veintiséis	80 ochenta
7 siete	17 diecisiete	27 veintisiete	90 noventa
8 ocho	18 dieciocho	28 veintiocho	100 cien
9 nueve	19 diecinueve	29 veintinueve	
10 diez	20 veinte	30 treinta	

LOS ORDINALES

1.º primero	1.ª primera
2.º segundo	2.ª segunda
3.º tercero	3.ª tercera
4.º cuarto	4.ª cuarta
5.º quinto	5.ª quinta
6.º sexto	6.ª sexta
7.º séptimo	7.ª séptima
8.º octavo	8.ª octava
9.º noveno	9.ª novena
10.º décimo	10.ª décima

6. LOS POSESIVOS: ADJETIVOS MASCULINOS Y FEMENINOS, SINGULARES Y PLURALES.

	MASCULINO		FEMENINO	
	Singular	**Plural**	**Singular**	**Plural**
(Yo)	Mi abuelo	Mis abuelos	Mi abuela	Mis abuelas
(Tú)	Tu hermano	Tus hermanos	Tu hermana	Tus hermanas
(Usted, él, ella)	Su sobrino	Sus sobrinos	Su sobrina	Sus sobrinas
(Nosotros/as)	Nuestro primo	Nuestros primos	Nuestra prima	Nuestras primas
(Vosotros/as)	Vuestro hermano	Vuestros hermanos	Vuestra hermana	Vuestras hermanas
(Ustedes, ellos, ellas)	Su tío	Sus tíos	Su tía	Sus tías

7. EL VERBO *GUSTAR* Y LOS PRONOMBRES PERSONALES.

(A mí)	me		dibujar, escribir, leer
(A ti)[1]	te	gusta	el deporte
(A usted, él, ella)	le		la Historia
(A nosotros/as)	nos		
(A vosotros/as)	os	gustan	las Matemáticas
(A ustedes, ellos, ellas)	les		las Ciencias
[1](A vos)	te	*gusta*	

8. CONTRASTE *HAY* Y *ESTÁ(N)*.

EXPRESAR LA EXISTENCIA

Hay +
un / una...
dos / tres...
nombre en plural

SITUAR

El / la...
Mi / tu / su...　　　**está**...
Persona o nombre propio

Los / las...
Mis / tus / sus...　　　**están**...
Personas o nombres propios

9. EXPRESIONES DE LUGAR.

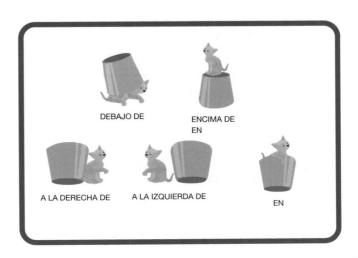

DEBAJO DE　　　ENCIMA DE
　　　　　　　　EN

A LA DERECHA DE　　A LA IZQUIERDA DE

EN

▸▸ COMUNICACIÓN

1. SALUDAR Y DESPEDIRSE

¡Hola, buenos días!

¡Hola, buenas tardes!

¡Adiós, buenas noches!

2. PRESENTARSE E IDENTIFICAR

PREGUNTAR Y DECIR EL NOMBRE

- ¿Cómo te llamas?
- Me llamo…

PREGUNTAR Y DECIR LA NACIONALIDAD

- ¿De dónde eres?
- Soy…

IDENTIFICAR

- ¿Quién es?
- Es…

3. HABLAR DE LA EDAD Y DEL CUMPLEAÑOS

PREGUNTAR Y DECIR LA EDAD

- ¿Cuántos años tienes?
- Tengo… años.

PREGUNTAR E INFORMAR SOBRE EL CUMPLEAÑOS

- ¿Cuándo es tu cumpleaños?
- El… de…

4. HABLAR DE LAS ASIGNATURAS Y LAS ACTIVIDADES

PREGUNTAR Y PRESENTAR LAS ASIGNATURAS

- ¿Cuántas asignaturas tienes? / ¿Qué estudias?
- …

INFORMAR DE LAS ACTIVIDADES

- ¿Cuál es tu actividad favorita?
- …

5. DECIR LA HORA E INFORMAR DE CUÁNDO SE REALIZA UNA ACTIVIDAD

PREGUNTAR Y DECIR LA HORA

- ¿Qué hora es?
- (Es) La una... / (Son) Las...

PREGUNTAR E INFORMAR SOBRE CUÁNDO SE REALIZA UNA ACTIVIDAD

- ¿A qué hora…? / ¿Cuándo…?
- A la una... / A las...
  Los… (+ *día de la semana*)

6. HABLAR DE LOS GUSTOS

PREGUNTAR E INFORMAR SOBRE LOS GUSTOS

- ¿Te gusta…?
- Sí, me gusta… / No, no me gusta…

EXPRESAR ACUERDO O DESACUERDO

- Me gusta…
- A mí también.

- No me gusta…
- A mí sí.

- Me gusta…
- A mí no.

- No me gusta…
- A mí tampoco.

7. DESCRIBIR PERSONAS

PREGUNTAR Y DESCRIBIR A UNA PERSONA

- ¿Cómo es… ?
- Es alto, bajo… / Es alta, baja…
  Es gordo, delgado… / Es gorda, delgada…
  Es rubio, moreno… / Es rubia, morena…
  Es calvo.
  Tiene el pelo corto, largo, liso, rizado.
  Tiene los ojos verdes, azules, negros, marrones.
  Lleva gafas, barba, bigote…

8. SITUAR

EXPRESAR LA EXISTENCIA   Hay…

SITUAR   Está(n)…

► Transcripciones

Módulo 1

Lección 1, ¡Hola!

Saluda a tus amigos

1. ¡Hola, Hugo, buenas tardes!

2. ¡Hola, Alicia, buenos días!

3. ¡Hola, Jaime, buenas tardes!

4. ¡Adiós, Alberto, buenas noches!

¡A divertirse!

Juega con los números

1. seis, cero, dos, tres, uno, cuatro, siete, cinco, cinco.

2. seis, cuatro, dos, ocho, ocho, cuatro, tres, dos, tres.

3. seis, cero, nueve, tres, ocho, dos, ocho, uno, cuatro.

4. seis, seis, seis, uno, siete, nueve, ocho, tres, cinco.

5. seis, cero, dos, tres, cuatro, uno, seis, cinco, cinco.

Evalúa tus conocimientos

Hola, me llamo Carlota y vivo en Las Palmas, en las islas Canarias. Tengo una colección de fotos de países europeos: de Francia, de España, de Italia, de Inglaterra, de Alemania y de Suiza. En el instituto estudio inglés y francés. En el equipo de baloncesto tengo cuatro amigas: Natalia, Sofía, Virginia y Elena. La entrenadora se llama Lorena.

Módulo 2

Lección 4, ¡Feliz cumpleaños!

Las fiestas

Las fiestas más importantes son: el 6 de enero, el día de los Reyes Magos; el 19 de marzo, el día del padre; el 1 de mayo, la fiesta del trabajo; el 12 de octubre, el día de la Hispanidad; el 25 de diciembre, Navidad y el 31 de diciembre, fin de año.

¡A divertirse!

Juega con los sonidos

1. Profesor, mochila, número, apellido, holandés, gramática, América, dirección, español.

2. Perú, cuaderno, bolígrafo, rotulador, sacapuntas, lápices, abril, goma, canción.

Acción

Amiga 1:	Toma, es para ti...
Marina:	Muchas gracias. ¿Qué es?
	A ver... una pelota de baloncesto. ¡Qué bien!

Amigo 1:	A ver, te tiro de la oreja: uno, dos, tres, cuatro, cinco, seis, siete, ocho, nueve, diez, once, doce y trece.
	Toma. ¡Feliz cumpleaños!
Marina:	Gracias, Pedro.
	¡Un CD de Christina Aguilera!
Amiga 2:	Toma, Marina.
Marina:	Muchas gracias. ¿Qué es? ¿Qué es?
	¡Una mochila! ¡Qué bonita! ¡Gracias!
Amigo 2:	¡Feliz cumpleaños!
Marina:	Muchas gracias. A ver...
	¡Un videojuego! ¡Muchas gracias!

Evalúa tus conocimientos.

1. Tengo un libro, dos cuadernos, un estuche, una goma, un boli y una barra de pegamento.

2. Tengo tijeras, un cuaderno, dos sacapuntas, un estuche, un lápiz y dos libros.

3. Tengo un libro, una goma, un rotulador, dos cuadernos y una barra de pegamento.

Módulo 3

Lección 6, Tus clases
¿Qué hora es?

1

Alicia:	Santi, ¿qué hora es?
Santi:	Es la una y media.
Alicia:	¡La una y media!
Profesor:	Chssssss... ¡Alicia, Santi!

2

Sara:	Pedro, ¿tienes hora?
Pedro:	Sí... son... las tres menos diez.
Sara:	¡Las tres menos diez! Deprisa... a las tres tenemos examen de Inglés.

3

Sara:	¿Qué hora es?
Alicia:	Las diez y veinte.
Sara:	¡Qué bien! Dentro de diez minutos, el recreo...
Profesor:	Chssssss...

4

Pedro:	¿Qué hora es, Santi?
Santi:	Las ocho menos cuarto.
Pedro:	¡Las ocho menos cuarto! ¡Qué tarde!

5

Sara:	Uuuff... ¿Qué hora es?
Santi:	Las seis y veinticinco.
Sara:	Uuuff...

2.

mañana, fácil, ejercicio, nombre, útil, divertido, Pérez, difícil, instituto, Ángel.

Acción

Profesor:	Sandra, ¿cuáles son tus actividades preferidas de la clase de idiomas?
Sandra:	Mm... Escuchar diálogos... conjugar verbos... leer textos y... aprender canciones y... hablar con el profesor, también.
Profesor:	¿Y tú, Pablo?
Pablo:	Hablar con el profesor, hacer ejercicios...
Profesor:	¿Escribir textos?
Pablo:	Sí, escribir textos y... escuchar diálogos.
Profesor:	Bien, ¿Elena?
Elena:	Escribir textos, hablar con el profesor, escuchar diálogos... y... sí, escuchar diálogos.
Profesor:	¿Y tú, Carlos?
Carlos:	Pff... No sé... Describir fotos... leer textos, escribir textos y... no sé...
Profesor:	¿Aprender canciones?
Carlos:	No, canciones no...
Profesor:	¿Hablar con el profesor?
Carlos:	¡Sí!
Profesor:	¿Hacer exámenes?
Todos:	No, exámenes, ¡no!

Evalúa tus conocimientos

1. ¿Cuántas horas de clase tienes?
2. ¿Cuál es tu asignatura favorita?
3. ¿Qué asignaturas tienes los lunes?
4. ¿Qué días tienes Francés?
5. ¿Cuánto dura el recreo?
6. ¿A qué hora tienes Tecnología los martes?
7. ¿Cuántas horas de Inglés tienes?
8. ¿Cuáles son tus actividades de clase preferidas?

Módulo 4

¡A divertirse!

Juega con los colores y los objetos

1. Escribe en su cuaderno.
2. Tiene dos cuadernos amarillos. Conjuga el verbo *to be.*
3. Tiene una mochila verde.
4. Habla con un profesor.
5. Tiene una mochila naranja.
6. Tiene dos cuadernos rojos y escucha música.
7. Tiene dos libros verdes.

Juega con el verbo _gustar_

Qué horas son, mi corazón...

Me gusta la moto, me gustas tú.

Me gusta correr, me gustas tú.

Me gusta la lluvia, me gustas tú.

Me gusta volver, me gustas tú.

Me gusta la gente, me gustas tú.

Me gusta Colombia, me gustas tú.

Me gusta la montaña, me gustas tú.

Me gusta la noche, me gustas tú.

Qué voy a hacer,

je ne sais pas.

Qué voy a hacer

je ne sais plus.

Qué voy a hacer

je suis perdu.

Juega con los sonidos

2.

veintidós, usted, abril, profesor, nacionalidad, capital, catalán, Madrid, veintitrés, azul, Panamá, escribir, papá, José, feliz.

Acción

Hola, me llamo Pablo. Tengo 12 años y mi cumpleaños es en mayo. Todas las mañanas me levanto a las siete menos cuarto. Me ducho y desayuno. Voy al instituto en bici. Las clases son a las ocho. Salgo a las dos y regreso a casa a comer. Por las tardes no tengo clase. Hago los deberes. Estudio durante una hora. Luego, voy a casa de mi amigo Julio. Jugamos con los videojuegos, escuchamos música, hablamos y navegamos por Internet, nos gusta chatear. Ceno a las nueve. Luego, leo cómics o mando SMS a los compañeros del instituto. Me voy a la cama a las diez.

Evalúa tus conocimientos.

Carolina tiene tres libros violetas, dos cuadernos rojos, una regla azul, una mochila rosa, dos lápices naranjas, un estuche verde, una goma blanca, un rotulador negro, un móvil rosa, dos sacapuntas grises y tres archivadores amarillos.

Módulo 5

Lección 9, Tu familia

La abuela cumple cien años

a.

Mi abuela tiene sesenta y cuatro años. Mi abuelo Víctor tiene setenta y dos años. Mi padre tiene cuarenta y tres años. Mi madre tiene treinta y ocho años. Mi tío Fernando tiene treinta y cinco años. Mi tía Julia tiene treinta y un años.

c.

45, 96, 68, 84, 29, 37, 72, 51, 92, 67, 76, 23.

Los nombres de mis amigos

– ¡Adivina quién es!

– ¡Vale! ¿Es un chico?

– No.

– Una chica...

– ¡Claro!

– ¿Alta?

– Sí.

– ¿Delgada?

– Sí.

– ¿Es rubia?

– No... no...

– Es morena... ¿Tiene el pelo largo y rizado?

– ¡Sí!

– ¡Ya sé quién es!

– Chssss...

¡A divertirse!

Juega con las personas

1.

Marcos: Mi hermana tiene dieciocho años. Es alta, delgada y rubia. Tiene el pelo corto y liso. Lleva gafas. ¿Quién es?

Ah... es cantante en una banda de pop.

Mi abuelo es bajo, un poco gordo y calvo. Mi abuelo es genial, es músico, toca la guitarra.

Mi abuela es alta y delgada. Tiene el pelo gris, largo y rizado. ¡Es campeona de surf!

Tengo una prima y un primo. Mi prima se llama Lola. Es baja, delgada, morena con el pelo largo y rizado. Le gusta la música.

Mi primo es un poco gordo, alto, rubio con el pelo corto y rizado. Se ducha.

Luis es mi tío, el hermano de mi padre. Mi padre y mi tío son altos, delgados y calvos. Los dos llevan barba y bigote. Mi tío se viste y mi padre come un bocadillo de jamón.

Mi madre es alta y delgada. Es morena y tiene el pelo corto y ondulado. Lleva gafas y habla por el móvil.

Ah... y mi perro, Dingo, es grande y le gustan los bocadillos de jamón.

2.

Marcos: Tengo quince años.

Mi hermana tiene tres años más que yo.

Mi madre tiene veintiún años más que mi hermana y dos menos que mi padre.

Mi abuelo tiene la edad de mi madre más la edad de mi padre y mi abuela tiene seis años menos que mi abuelo. Mi prima tiene la misma edad que yo. Mi primo tiene cinco años menos que su hermana. Y mi tío tiene seis años menos que su hermano.

Hola, me llamo Juan. Te presento a mis amigos.

Lola es delgada, muy delgada, y morena. Tiene el pelo largo y rizado.

Marta es también delgada. Es morena y tiene el pelo largo y rizado.

Julián es bajo. Es moreno y tiene el pelo corto y liso.

Rafa es alto y muy moreno. Tiene el pelo corto y muy rizado.

Módulo 6

Lección 11, ¿Dónde vives?

Vivo en Madrid, C/ Mayor, 5. 4.º dcha.

A ver si están bien las direcciones. Calle Aragón, número ciento cincuenta y cuatro, en el sexto C. Muy bien. Y en el paseo de las Acacias, número noventa y ocho, en el quinto A. Perfecto.

¡A divertirse!

Juega con las habitaciones y los muebles.

Los domingos por la tarde son muy tranquilos en mi casa. Normalmente mi madre está en el salón, escucha música. Mi abuelo también está en el salón, lee el periódico en su sillón. A mi abuela le gusta comer y a las seis está en el comedor. Allí toma una merienda, un café o un té. Mi padre se ducha por la tarde. A mi hermana le gusta navegar por Internet en nuestro cuarto. Y yo estoy en la terraza. Es que toco la guitarra.

Juega con los sonidos

2.

último, pintor, gafas, bici, coche, lunes, inglés, cojín, matemáticas, lámpara, escribís, escriben, alfombra, balcón, actividad, azul, joven, móvil, galleta, mujer.

Evalúa tus conocimientos

Está debajo de la mesa.

Está a la derecha de la lámpara.

Está enfrente de la mesa.

Está en el mueble.

Hay una a la izquierda de la mesita del salón.

Está en una silla.

Está a la derecha del sofá.

Portfolio
Joven.es 1

Tu información personal

Nombre ....

Fecha ....

Estudias en ....

Curso ....

	Insuficiente	Suficiente	Bueno	Muy bueno

Nivel alcanzado

→ 🗣 **Escuchar: Puedo comprender si alguien...**

Módulo 1

- me saluda o se despide de mí. ☐ ☐ ☐ ☐
- se presenta y dice su nombre y apellidos o su nacionalidad. ☐ ☐ ☐ ☐
- me pregunta mi nombre, mis apellidos o de dónde soy. ☐ ☐ ☐ ☐

Módulo 2

- habla de regalos o el material escolar. ☐ ☐ ☐ ☐
- me pregunta por mi edad. ☐ ☐ ☐ ☐
- dice su edad. ☐ ☐ ☐ ☐
- me pregunta por el día de mi cumpleaños. ☐ ☐ ☐ ☐

Módulo 3

- dice el día de su cumpleaños. ☐ ☐ ☐ ☐
- habla de las actividades de clase. ☐ ☐ ☐ ☐
- me pregunta la hora o la dice. ☐ ☐ ☐ ☐
- habla de sus asignaturas favoritas. ☐ ☐ ☐ ☐
- presenta su horario escolar. ☐ ☐ ☐ ☐

Módulo 4

- habla de sus actividades cotidianas. ☐ ☐ ☐ ☐
- menciona los colores. ☐ ☐ ☐ ☐
- dice sus gustos y opiniones. ☐ ☐ ☐ ☐

Módulo 5

- menciona a los miembros de su familia o a sus amigos. ☐ ☐ ☐ ☐
- describe a una persona. ☐ ☐ ☐ ☐
- dice los números. ☐ ☐ ☐ ☐

Módulo 6

- me pregunta por una dirección. ☐ ☐ ☐ ☐
- me indica un lugar. ☐ ☐ ☐ ☐
- me describe su casa y me indica dónde hay algo. ☐ ☐ ☐ ☐

Leer: Puedo entender...

Módulo 1
- un cuestionario sencillo sobre mis datos. ☐ ☐ ☐ ☐
- un texto sencillo para presentar a los amigos. ☐ ☐ ☐ ☐

Módulo 2
- un texto sencillo de información personal: la edad y el día del cumpleaños. ☐ ☐ ☐ ☐
- una tarjeta de invitación de cumpleaños y una tarjeta de felicitación. ☐ ☐ ☐ ☐

Módulo 3
- un horario escolar. ☐ ☐ ☐ ☐

Módulo 4
- un correo electrónico en el que alguien habla de sus gustos. ☐ ☐ ☐ ☐
- el plan de estudios de España. ☐ ☐ ☐ ☐

Módulo 5
- un árbol genealógico y la descripción de una persona. ☐ ☐ ☐ ☐
- un texto sencillo que describe las fiestas familiares. ☐ ☐ ☐ ☐

Módulo 6
- las direcciones en un sobre de una carta. ☐ ☐ ☐ ☐
- una descripción sencilla de una casa. ☐ ☐ ☐ ☐

Conversar: Soy capaz de...

Módulo 1
- saludar y despedirme. ☐ ☐ ☐ ☐
- presentarme y conocer a alguien: nombre, apellidos, nacionalidad. ☐ ☐ ☐ ☐

Módulo 2
- hablar de regalos o del material escolar. ☐ ☐ ☐ ☐
- intercambiar información sobre la edad y el día del cumpleaños. ☐ ☐ ☐ ☐
- preguntar y decir una fecha. ☐ ☐ ☐ ☐

Módulo 3
- hablar de mis asignaturas favoritas y conocer las de otros. ☐ ☐ ☐ ☐
- intercambiar información sobre horario escolar. ☐ ☐ ☐ ☐

Módulo 4
- preguntar e informar de las actividades cotidianas. ☐ ☐ ☐ ☐
- mantener una discusión sencilla sobre gustos y opiniones. ☐ ☐ ☐ ☐

Módulo 5
- intercambiar información sobre los miembros de la familia o amigos. ☐ ☐ ☐ ☐
- identificar y describir a una persona. ☐ ☐ ☐ ☐

Módulo 6
- preguntar e indicar una dirección. ☐ ☐ ☐ ☐
- preguntar y describir una casa para situar objetos y habitaciones. ☐ ☐ ☐ ☐

🗣 Hablar: Puedo hablar para...

Módulo 1
- saludar y despedirme. ☐ ☐ ☐ ☐
- presentarme: decir mi nombre y mis apellidos o mi nacionalidad. ☐ ☐ ☐ ☐

Módulo 2
- mencionar regalos o mi material escolar. ☐ ☐ ☐ ☐
- preguntar por la edad o decir la mía. ☐ ☐ ☐ ☐
- preguntar por el día de un cumpleaños. ☐ ☐ ☐ ☐
- informar del día de mi cumpleaños. ☐ ☐ ☐ ☐

Módulo 3
- hablar de mis actividades de clase. ☐ ☐ ☐ ☐
- preguntar o decir la hora. ☐ ☐ ☐ ☐
- decir mis asignaturas favoritas. ☐ ☐ ☐ ☐
- presentar mi horario escolar. ☐ ☐ ☐ ☐

Módulo 4
- hablar de mis actividades cotidianas. ☐ ☐ ☐ ☐
- expresar mis gustos y opiniones. ☐ ☐ ☐ ☐

Módulo 5
- mencionar los miembros de mi familia o a mis amigos. ☐ ☐ ☐ ☐
- describir a una persona. ☐ ☐ ☐ ☐
- decir los números. ☐ ☐ ☐ ☐

Módulo 6
- preguntar por una dirección. ☐ ☐ ☐ ☐
- indicar un lugar. ☐ ☐ ☐ ☐
- describir mi casa e indicar dónde hay algo. ☐ ☐ ☐ ☐

✒ Escribir: Puedo escribir para...

Módulo 1
- rellenar un cuestionario sencillo sobre mis datos. ☐ ☐ ☐ ☐
- redactar un texto sencillo para presentar a mis amigos. ☐ ☐ ☐ ☐

Módulo 2
- crear un texto de información personal: la edad y el día del cumpleaños. ☐ ☐ ☐ ☐
- hacer una tarjeta de invitación a mi cumpleaños y una tarjeta de felicitación. ☐ ☐ ☐ ☐

Módulo 3
- confeccionar mi horario escolar. ☐ ☐ ☐ ☐

Módulo 4
- escribir un correo electrónico para hablar de mis gustos. ☐ ☐ ☐ ☐
- describir el plan de estudios de mi país. ☐ ☐ ☐ ☐

Módulo 5
- hacer el árbol genealógico de mi familia y describirla. ☐ ☐ ☐ ☐
- redactar un texto sencillo sobre mis fiestas familiares. ☐ ☐ ☐ ☐

Módulo 6
- escribir las direcciones en un sobre de una carta. ☐ ☐ ☐ ☐
- dar una descripción sencilla de mi casa. ☐ ☐ ☐ ☐

Carpeta de lecturas y actividades complementarias

1. El mundo hispano (conoce los países y lee).
- **América latina.**
- **Argentina.**
- **Chile.**
- **México.**
- **Perú.**
- **Cuba.**

2. Proyecto: Comunicas en español.
- **Confecciona tu propio *blog* (lee y escribe).**
- **Comunícate (habla con tu compañero).**

3. Glosario.
- **Tu glosario por módulos.**
- **Tus 250 primeras palabras del español.**

MÉXICO

• Monterrey

• Guadalajara

México D.F. •

• Puebla

La Habana

CUBA

BELICE

HONDURAS

Tegucigalpa

JAMAICA

HAITÍ

REPÚBLICA DOMINICANA

Santo Domingo

San Juan

PUERTO RICO

Maracaibo

Océano Atlántico

NICARAGUA

• Managua

GUATEMALA

Guatemala

San Salvador

EL SALVADOR

San José

COSTA RICA

PANAMÁ

Panamá

Santa Marta

Caracas

Medellín

Bogotá

VENEZUELA

GUYANA

SURINAM

GUAYANA FRANCESA

Cali

COLOMBIA

Guayaquil

Quito

ECUADOR

PERÚ

BRASIL

• Callao

Lima

Cuzco

Arequipa

La Paz

• Oruro

BOLIVIA

Océano Pacífico

CHILE

PARAGUAY

Asunción

ARGENTINA

• Córdoba

Rosario

URUGUAY

Santiago de Chile

Buenos Aires

Montevideo

Tierra del Fuego

HEMISFERIO NORTE

España

Iberoamérica

HEMISFERIO SUR

A_ _ _ _ _ _A.

M_ _ _ _O.

B_ _ _ _ _A.

N_ _ _ _ _ _ _A.

C_ _ _E.

P_ _ _ _Á.

C_ _ _ _ _ _A.

P_ _ _ _ _ _Y.

C_ _ _A R_ _A.

P_ _Ú.

C_ _A.

P_ _ _ _O R_ _ _.

E_ _ _ _R.

R_ _ _ _ _ _ _A
D_ _ _ _ _ _ _ _A.

EL S_ _ _ _ _ _ _.

U_ _ _ _ _Y.

G_ _ _ _ _ _ _A.

V_ _ _ _ _ _A.

H_ _ _ _ _ _S.

ARGENTINA.

CHILE.

CUBA.

MÉXICO.

PERÚ.

Actividades

1 - Enumera los países en los que el español es lengua oficial. ¿Cuántos hay?
2 - En tu cuaderno escribe estos países y sus capitales.
3 - ¿A qué país corresponde cada bandera? Completa los nombres.

BOLIVIA
PARAGUAY
BRASIL
Chaco
• Salta
• Córdoba
• Mendoza
Pampa
Buenos Aires •
URUGUAY
ARGENTINA
Océano Atlántico
CHILE
Patagonia
Estrecho de Magallanes
Tierra del Fuego

Lectura

Argentina está en América del Sur y limita con Bolivia, Paraguay, Brasil, Uruguay y con Chile a través de los Andes.

Tiene una superficie de 2.780.000 km^2.

La capital se llama Buenos Aires y está situada al este, en la orilla derecha del estuario del Río de la Plata.

Al sur están las regiones de Patagonia y Tierra del Fuego, de clima casi polar; al norte, la llanura de El Chaco; al este y en el centro, las verdes llanuras de la Pampa.

Tiene 39 millones de habitantes, y una tercera parte vive en la capital. La lengua oficial es el español, pero en algunos lugares también se hablan lenguas indígenas.

Algunos animales de Argentina están en peligro de extinción: la ballena azul, el yaguareté, el zorro colorado, la chinchilla y el ocelote.

Peso argentino.

Plaza del Obelisco.
BUENOS AIRES.

Gaucho con su caballo.

Barrio de la Boca.
BUENOS AIRES.

Barrio de la Boca.
BUENOS AIRES.

Glaciar Perito Moreno.

Vista panorámica.
BUENOS AIRES.

Cartel.
TIERRA DEL FUEGO.

Catarata.
IGUAZÚ.

Estación de esquí de Bariloche.
PATAGONIA.

Gauchos tomando mate.

Iglesia.
SALTA.

Glaciar Perito Moreno.

Catedral.
CÓRDOBA.

Artesanía.

TIERRA DEL FUEGO.

La Pampa.

Carlos Gardel.
(cantante de tangos)

Catedral.
SALTA.

Casa Rosada.
BUENOS AIRES.

Tango.

Actividades

1 - Nombra los países que tienen una frontera común con Argentina.

2 - ¿Cómo se llama el río más importante?

3 - ¿Dónde está situada la capital?

4 - Sitúa la Patagonia y Tierra del Fuego. ¿Cómo es el clima en esta zona?

5 - Mira las fotografías: ¿cómo se llama el baile más popular? ¿Con qué nombre se conoce el campo argentino?

Lectura

Chile es un país largo y estrecho y está situado en América del Sur, entre la cordillera de los Andes y el océano Pacífico.

Tiene una población de 16,5 millones de habitantes y una extensión de 756.950 km².

La capital se llama Santiago.

La lengua oficial es el español, pero también se hablan lenguas indígenas como el mapuche, el quechua o el aymara.

Estos animales son típicos de Chile: el guanaco, la alpaca, la llama, la vicuña y la chinchilla andina.

Chile es un país maravilloso, lleno de contrastes: el desierto de Atacama, al norte; las playas turísticas de Viña del Mar, en el centro; montañas nevadas y volcanes, en el sur; junto al estrecho de Magallanes, los paisajes polares de Tierra del Fuego, y el misterio de los Moais de la isla de Pascua, sus colosos de piedra.

Peso chileno.

Los Andes.

Desierto de Atacama.

Vista de Santiago desde el Cerro de San Cristóbal.

Torres del Paine. PATAGONIA.

Panorámica de los Moais.

La casa de Pablo Neruda.
ISLA NEGRA.

Mercadillo.
SANTIAGO DE CHILE.

Catedral.
ARICA.

Contraste de edificios.
SANTIAGO.

Guanacos.
PATAGONIA.

Focas.
PATAGONIA.

Casa Colonial.

Puesta de sol.
PATAGONIA.

Moais.
ISLA DE PASCUA. RAPA-NUI.

Palacio de la Moneda.
SANTIAGO.

Desierto de Atacama.

REPUBLICA DE CHILE
Cartel.

Vista de Santiago.

Paseo marítimo.
VIÑA DEL MAR.

Glaciar Laguna de San Rafael.
PATAGONIA.

Actividades

1- ¿Qué países rodean Chile?
2- ¿Qué océano bordea Chile?
3- ¿Cómo se llaman sus habitantes?
4- ¿Cuál es la capital?
5- Aparte del español, ¿qué otras lenguas se hablan?

ESTADOS UNIDOS

MÉXICO

• Monterrey

Golfo de México

• México D.F.

Yucatán

• Acapulco

Océano Pacífico

BELICE

GUATEMALA

Lectura

México está situado en América del Norte, entre Estados Unidos al norte, y Guatemala y Belice al sur.

Está entre dos océanos: al este, el océano Atlántico y al oeste, el océano Pacífico.

Tiene una superficie de 1.964.162 kilómetros cuadrados y más de 103 millones de habitantes.

Está dividido en 31 estados y la capital es Ciudad de México, pero la gente la llama México D.F. (Distrito Federal), o simplemente D.F., y es la ciudad más poblada del mundo: tiene más de 19 millones de habitantes. Su nombre antiguo es Tenochtitlán, antigua capital de los aztecas.

En México se habla español y más de 60 lenguas indígenas como el náhuatl, el maya y el zapoteco.

Es un país muy antiguo y tiene arte de todas las épocas –sobre todo pirámides enormes–, playas muy bonitas y volcanes impresionantes.

El ave de la izquierda se llama quetzal. Vive en los bosques del estado de Chiapas, al sur de México. ¡Y está en peligro de extinción!

Quetzal.

Guacamole.
Comida típica.

Templo de los Guerreros.
CHICHÉN ITZÁ.

BANCO DE MEXICO
T5703371
500
500 QUINIENTOS
PESOS
T5703371

Peso mexicano.

Chac Mool.

Mural de Diego Rivera en el Palacio
Nacional. MÉXICO D.F.

Serpiente Emplumada, dios Quetzalcoalt
de las religiones maya y azteca.

Vista general.
MÉXICO D.F.

Artesanía.

Chac Mool.
CHICHÉN ITZÁ.

Frijoles.

Playa del Carmen.
YUCATÁN.

Xochimilco.
MÉXICO D.F.

Catedral.
MÉXICO D.F.

Palacio de Bellas Artes.
MÉXICO D.F.

Los voladores de Chapultepec.
MÉXICO D.F.

Clavados.
ACAPULCO.

Torre Caballito.
MÉXICO D.F.

El Zócalo.
MÉXICO D.F.

Playa.
ACAPULCO.

Danzas rituales.

Choclo.

Actividades

1 - ¿Qué países rodean México?
2 - ¿Cómo se llama su capital?
3 - ¿Cuántos habitantes tiene?
4 - ¿Cuál es el nombre de origen de la capital?
5 - ¿Qué civilización hay antes de llegar los españoles?
6 - ¿Cómo se llama la moneda de México?

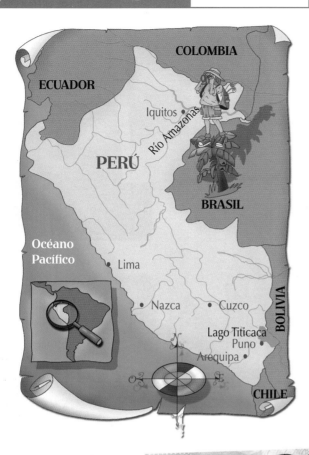

Lectura

Perú tiene una superficie de 1.285.216 km², 27 millones de habitantes, y su capital es Lima.

Está situado en la costa del Pacífico y es el tercer país más grande de América del Sur, después de Brasil y Argentina. Tiene frontera con cinco países: Ecuador, Colombia, Brasil, Bolivia y Chile.

En Perú hay tres paisajes muy diferentes:
- La costa del océano Pacífico, con grandes playas.
- La cordillera de los Andes.
- La selva amazónica.

Las lenguas oficiales son el español y el quechua, pero también se habla el aymara.

Perú tiene lugares maravillosos, llenos de historia y de magia:
- Titicaca, el lago navegable más alto del mundo, cuyas aguas pertenecen a Perú y a Bolivia.
- Muchas leyendas incas.
- Nazca, al sur de Lima, tiene unos misteriosos dibujos en la tierra a lo largo de 500 km².
- Cuzco y el Machu Picchu: Cuzco es la capital del Imperio Inca. Cerca de Cuzco está Machu Picchu, ciudad sagrada de los incas que es hoy Patrimonio Cultural de la Humanidad.

Sol.

Lago Titicaca.
PUNO.

Islas flotantes.
LAGO TITICACA.

Panorámica del MACHU PICCHU.

Barca de totora.
LAGO TITICACA.

Catedral.
LIMA.

Congreso.
LIMA.

Llamas.
AREQUIPA.

Río Amazonas.
IQUITOS.

Nativos.
IQUITOS.

Cóndor de los Andes.

Escalera.
CUZCO.

Mono.
NAZCA.

Volcán Misti.
AREQUIPA.

Muralla de piedras.
CUZCO.

Colibrí.
NAZCA.

Alpaca.

Vista general.
MACHU PICCHU.

Nativos.
CUZCO.

Actividades

1- ¿Con qué países tiene frontera Perú?
2- ¿Qué océano bordea sus costas?
3- ¿Cómo se llama su moneda?
4- ¿En cuántas zonas geográficas se puede dividir?
5- ¿Cómo se llama la civilización pre-colombina?
6- ¿Cuál es la capital del antiguo imperio?
7- ¿Qué conjunto arquitectónico es Patrimonio de la Humanidad?
8- Mira las fotos y nombra:
    a. un gran lago, b. una zona de dibujos en la tierra, c. una ciudad inca.

Lectura

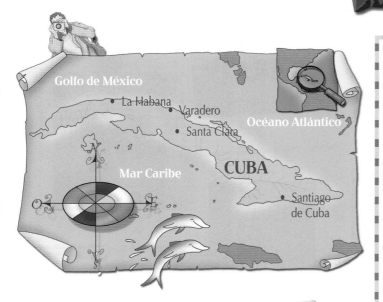

La República de Cuba está situada en el mar Caribe, frente a las costas de México (a 210 km) y de Estados Unidos (a 180 km).

Está formada por la isla de Cuba, la isla de la Juventud y más de 1.600 islotes, y forma parte del archipiélago de las Grandes Antillas. Tiene 11.217.000 habitantes.

La Habana, su capital, es puerto de mar y tiene 3 millones de habitantes. El casco antiguo de la capital, La Habana Vieja, es Patrimonio de la Humanidad.

Hay muchos monumentos de la época colonial española.

El idioma oficial es el español.

En Cuba el clima es bueno y hay playas magníficas como Varadero y Santa Lucía.

A los cubanos les encanta la música y el baile, por ejemplo, la salsa. Hay cantantes de Cuba muy famosos en el mundo, como Gloria Estefan y Compay Segundo.

Estas son algunas plantas y algunos animales típicos de Cuba:

- La caña de azúcar.
- Frutas tropicales como la piña, el mango o el coco.
- Las plantaciones de tabaco.
- El tocororo, el flamenco y el zunzuncito (el pájaro más pequeño del mundo).

Peso cubano.

Puesta de sol.
VARADERO.

Zunzuncito.

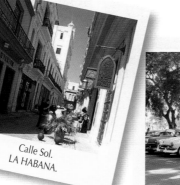

Calle Sol.
LA HABANA.

Parada de taxis.
LA HABANA.

Malecón.
LA HABANA.

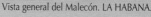

Vista general del Malecón. LA HABANA.

Plaza de la Revolución.
LA HABANA.

Monumento al Che Guevara.
SANTA CLARA.

Teatro.
CIENFUEGOS.

Transporte.
LA HABANA.

Los Mongotes.
PINAR DEL RÍO.

Niños en la escuela.

Fábrica de tabaco.
LA HABANA.

Vista del Malecón.
LA HABANA.

Coche.

El Morro.
LA HABANA.

Plaza de la Revolución.
LA HABANA.

Catedral.
LA HABANA.

Playa.
VARADERO.

El Capitolio.
LA HABANA.

Muchacha con turbante.

Actividades

1 - ¿Dónde está Cuba? ¿En qué océano?

2 - ¿Cuál es su capital?

3 - ¿Cuántos habitantes tiene la isla?

4 - La Habana Vieja es Patrimonio Artístico de la Humanidad: ¿qué significa?
¿Conoces otra ciudad o monumento Patrimonio de la Humanidad?

5 - ¿Cuál es el nombre de la moneda cubana?

6 - ¿Con qué nombre conocemos la música y el baile más popular de Cuba?

Bl@g de David López

"El mejor"

¿Qué es un *blog*?
Un *blog* es un diario personal. Un espacio de colaboración y comunicación. El *blog* es como tú quieres. Existen millones con diferentes formas y contenidos.

¡Soy yo!

CALENDARIO

Lun	Mar	Mié	Jue	Vie	Sáb	Dom
				1	2	3
4	5	6	7	8	9	10
11	12	13	14	15	16	17
18	19	20	21	22	23	24
25	26	27	28	29	30	

- ¡Hola! Me llamo David López Alonso.
- Soy español. Vivo en Santander.
- Mi instituto se llama IES Pablo Picasso.
- En el instituto, estudio inglés y francés.

ARCHIVOS

Me presento

Mi amigo

Mi mejor amigo se llama Pedro, tiene doce años.

 BUZÓN DE SALIDA
**¡Hola! ¡Hola! ¡Hola!
¿Hay alguien ahí?**

@ **Mi dirección de correo electrónico es** chicoschicas@edelsa.es**. Puedes escribirme.**

Ahora confecciona tu *blog*

ME PRESENTO
Puedes dibujar tu *blog* en una hoja de papel y luego lo presentas a la clase. Pon la siguiente información:

- ¿Cómo te llamas?
- ¿De dónde eres?
- ¿Dónde vives?
- ¿Cómo se llama tu instituto?
- ¿Qué idiomas estudias en el instituto?
- ¿Cómo se llama tu mejor amigo / tu mejor amiga?
- ¿Cuántos años tiene?
- ¿Cuál es tu dirección de correo electrónico?

¿Tienes *ciberamigos*?

Observa el mapa e imagina que en estos países tienes *ciberamigos* (• = chica, • un chico).

1. Indica la nacionalidad de tus *ciberamigos* a tu compañero.
2. Escucha a tu compañero y escribe en qué países viven sus *ciberamigos*.

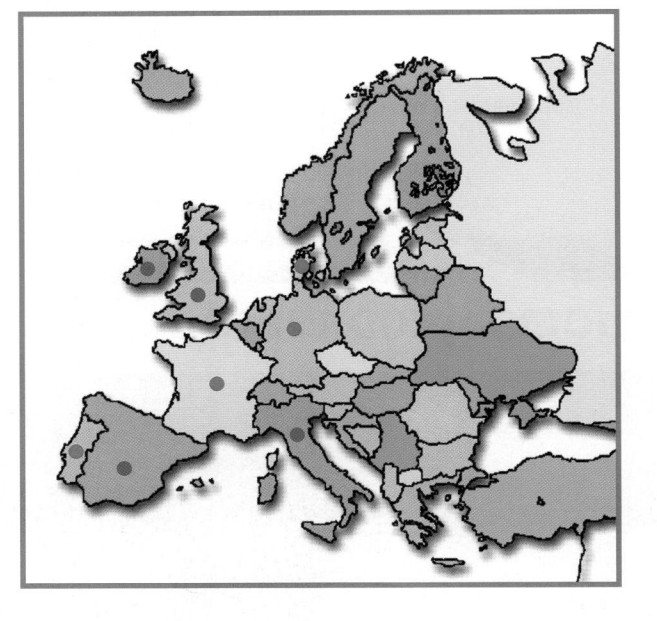

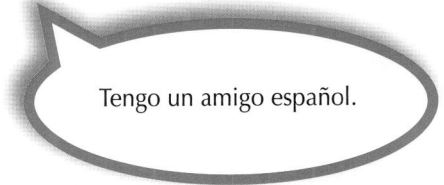

Tengo un amigo español.

Tiene una amiga española.
....
....
....
....
....
....

b

---

a

¿Tienes *ciberamigos*?

Observa el mapa e imagina que en estos países tienes *ciberamigos* (• = chica, • un chico).

1. Indica la nacionalidad de tus *ciberamigos* a tu compañero.
2. Escucha a tu compañero y escribe en qué países viven sus *ciberamigos*.

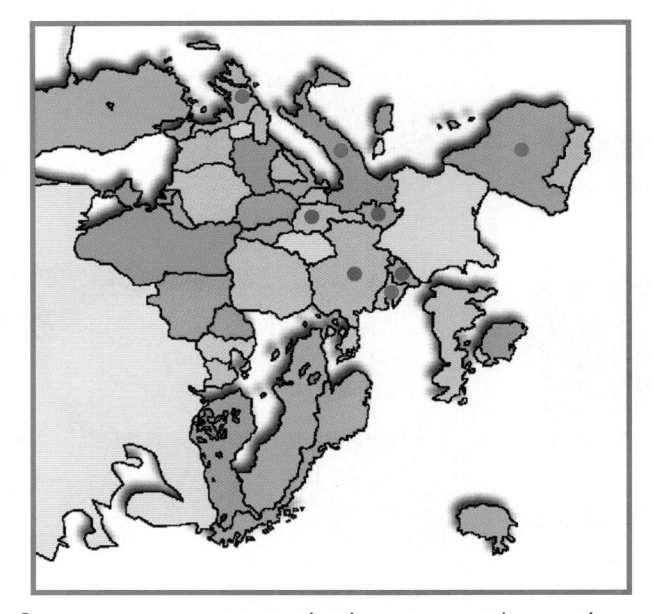

Tengo una amiga española.

Tiene un amigo español.
....
....
....
....
....
....

2 De dos en dos.

Comunicas en español

Bl@g de David López

"El mejor"

Mis fechas preferidas

- Mi día preferido de la semana es el domingo.
- Mi mes preferido del año es diciembre.
- Mi estación preferida es el verano.

Tengo once años y mi cumpleaños es el 14 de abril.

@ BUZÓN DE ENTRADA

@genda

El cumpleaños de mis amigos

Nuria: el 22 de marzo
Julián: el 19 de septiembre
Daniela: el 30 de julio
Carlos: el 9 de febrero

¡Felicidades!

Te deseo un feliz cumpleaños.

Besos.

Daniela

CALENDARIO

Lun	Mar	Mié	Jue	Vie	Sáb	Dom
					1	2	3
4	5	6	7	8	9	**10**
11	12	13	14	15	16	17
18	19	20	21	22	23	24
25	26	27	28	29	30	

ARCHIVOS

Mis fechas preferidas
Me presento

 Mi dirección de correo electrónico es chicoschicas@edelsa.es. **Puedes escribirme.**

Ahora confecciona tu *blog*

MIS FECHAS PREFERIDAS
Completa tu *blog* con esta información:

- ¿Cuáles son tu día, tu mes y tu estación preferidos?
- ¿Cuántos años tienes?
- ¿Cuándo es tu cumpleaños?
- Escribe el día del cumpleaños de cuatro de tus amigos.
- Diseña una postal de cumpleaños.
  - Escribe el nombre de tu amigo/a.
  - Escribe la felicitación.
  - Firma la postal.
  - Dibuja una tarta.   Dibuja cuatro velas.   Dibuja un regalo.

a

Pregunta a tu compañero y completa el cuadro con las fechas de cumpleaños de cada amigo.
Contesta a sus preguntas.

> ¿Cuándo es el cumpleaños de Sandra?

Belén	15/01	Sandra	....
Carlos	28/05	David	....
Elena	03/02	Nuria	....
Alberto	11/10	Víctor	....
Natalia	16/03	Sara	....
José	15/08	Santi	....
Julia	23/08	Carolina	....
Álex	31/12	Lucas	....

b

Belén	....	Sandra	30/04
Carlos	....	David	14/11
Elena	....	Nuria	19/09
Alberto	....	Víctor	27/04
Natalia	....	Sara	21/09
José	....	Santi	25/02
Julia	....	Carolina	01/01
Álex	....	Lucas	07/07

> ¿Cuándo es el cumpleaños de Belén?

Pregunta a tu compañero y completa el cuadro con las fechas de cumpleaños de cada amigo.
Contesta a sus preguntas.

Bl@g de David López

"El mejor"

Mi día preferido

> Mi día de clase preferido de la semana es el lunes.

Los lunes:
- de 8.30 a 9.20 tengo Matemáticas.
- de 9.25 a 10.15 tengo Inglés.
- de 10.20 a 11.10 tengo Tecnología.
- después del recreo, de 11.30 a 12.20 tengo Lengua y Literatura.
- de 12.25 a 13.15 tengo Francés.
- de 13.20 a 14.10 tengo Ciencias de la Naturaleza.
El recreo de la mañana dura 20 minutos.

Mis tres actividades de clase preferidas son:
- Escuchar canciones.
- Leer textos.
- Hablar con mis compañeros.

> Mi asignatura favorita es el Francés.

@genda

Mis notas en Francés:

- 30 de septiembre: 7
- 13 de octubre: 6
- 29 de octubre: 5
- 18 de noviembre: 6

> Mi profesora se llama Elena Montero Cobos.
> Tengo Francés los lunes, los miércoles y los viernes.

CALENDARIO

Lun	Mar	Mié	Jue	Vie	Sáb	Dom
				1	2	3
4	5	6	7	8	9	10
11	12	13	14	15	16	17
18	19	20	21	22	23	24
25	26	27	28	29	30	

ARCHIVOS

Mi día preferido
Mis fechas preferidas
Me presento

 Mi dirección de correo electrónico es chicoschicas@edelsa.es**. Puedes escribirme.**

Ahora confecciona tu *blog*

MI DÍA DE CLASE PREFERIDO
Completa tu *blog* con esta información:

- ¿Cuál es tu día preferido de la semana?
- ¿Qué clase tienes? Escribe las horas y las clases.
- ¿Cuánto dura el recreo?
- ¿Cuál es tu asignatura preferida?
- ¿Cuáles son tus tres actividades preferidas?
- ¿Qué notas tienes en español?
- Escribe las fechas y las notas.
- ¿Cómo se llama tu profesor/profesora?
- ¿Qué días tienes Español?

a

Estas son las notas de un amigo en los tres exámenes del mes.
Pregunta a tu compañero y completa las notas. Responde a sus preguntas.

 .... / 5 / ....

 .... / 3 / ....

 .... / 8 / ....

 .... / 3 / ....

 .... / 8 / ....

.... / 5 / ....

 8 / .... / 6

 6 / .... / 8

 5 / .... / 6

 3 / .... / 6

3 / .... / 6

¿Qué nota tiene en el examen 1 de Matemáticas?

b

¿Qué nota tiene en el examen 1 de Tecnología?

 .... / 7 / ....

 .... / 4 / ....

 .... / 4 / ....

 .... / 7 / ....

 .... / 7 / ....

 6 / .... / 4

 8 / .... / 7

 3 / .... / 4

 9 / .... / 6

 2 / .... / 4

 3 / .... / 4

Pregunta a tu compañero y completa las notas. Responde a sus preguntas.
Estas son las notas de un amigo en los tres exámenes del mes.

Bl@g de David López

"El mejor"

Mi día a día

Todos los días me levanto a las siete y cuarto.
Me ducho y desayuno.
Salgo de casa a las ocho.
Voy al instituto en autobús con un amigo.
Llego al instituto a las ocho y veinte.
Como a las dos.
Por la tarde tengo dos horas de clase.
Luego, regreso a casa.
Tomo la merienda.
Hago los deberes.
Escucho música.
Leo cómics.
Navego por Internet.
Ceno a las nueve y cuarto.
Me voy a la cama a las diez.

Me gustan...

las vacaciones
mi perro
la playa
la Tecnología
los regalos
ir al parque con mi perro
escuchar música
dibujar
el deporte
chatear
la Navidad
el día de mi cumpleaños
el verano

CALENDARIO

Lun	Mar	Mié	Jue	Vie	Sáb	Dom
				1	2	3
4	5	6	7	8	9	10
11	12	13	14	15	16	17
18	19	20	21	22	23	24
25	26	27	28	29	30	

ARCHIVOS

Mi día a día
Mi día preferido
Mis fechas preferidas
Me presento

No me gustan...

los exámenes
aprender poesías
conjugar verbos en inglés
levantarme a las siete
jugar con los videojuegos

el invierno
las Matemáticas
hacer los deberes
el color marrón
el rap

 Mi dirección de correo electrónico es chicoschicas@edelsa.es. **Puedes escribirme.**

Ahora confecciona tu *blog*

MI DÍA A DÍA
Completa tu *blog* con esta información:

- ¿A qué hora te levantas todos los días?
- ¿Qué haces antes de ir al instituto?
- ¿Cómo vas al instituto?
- ¿A qué hora llegas?
- ¿Tienes clases por las tardes?
- ¿Qué haces cuando regresas a casa?
- ¿A qué hora cenas?
- ¿A qué hora te vas a la cama?
- Escribe seis cosas que te gustan y seis cosas que no te gustan.

a

Pregunta a tu compañero qué le gusta a cada amigo y contesta a sus preguntas.

¿Qué le gusta a Nuria?

¿A Nuria le gustan... ?

Álex	las Matemáticas	Nuria	....
Antonio	los perros	Elvira	....
Rafa	la playa	Sara	....
César	la montaña	Gloria	....
Julio	tocar la guitarra	Daniela	....
Emilio	la música	Marta	....
Pedro	leer	María	....
Alfonso	dibujar	Sandra	....
Raúl	estudiar	Carmen	....
Marcos	hablar	Maribel	....

b

dormir	Maribel	....	Marcos
pasear con su perro	Carmen	....	Raúl
ir en bici	Sandra	....	Alfonso
Internet	María	....	Pedro
las revistas de moda	Marta	....	Emilio
los videojuegos	Daniela	....	Julio
la Navidad	Gloria	....	César
el Inglés	Sara	....	Rafa
las Ciencias	Elvira	....	Antonio
la Geografía	Nuria	....	Álex

¿A Álex le gustan...?

¿Qué le gusta a Álex?

Pregunta a tu compañero qué le gusta a cada amigo y contesta a sus preguntas.

Bl@g de David López

"El mejor"

Mi familia

Esta es mi familia:
Mi hermano José tiene 10 años.
Mi hermana Elena tiene 8 años.
Mi madre se llama Sandra, tiene 35 años.
Mi padre se llama Pedro, tiene 38 años.
Mis abuelos:
Mi abuelo paterno se llama Luis, tiene 70 años.
Mi abuela paterna se llama María, tiene 68 años.
Mi abuelo materno se llama Alfonso, tiene 68 años.
Mi abuela materna se llama Ángeles, tiene 66 años.
Mi madre tiene un hermano, es mi tío Julián, tiene 32 años.
Mi tía, la mujer de mi tío Julián, se llama Bea, tiene 30 años.
Tengo dos primos: Julia tiene 5 años y David, 3.
Y tengo un perro, es grande, marrón y tiene 2 años. Le gustan las galletas y el chocolate.

CALENDARIO

Lun	Mar	Mié	Jue	Vie	Sáb	Dom
				1	2	3
4	5	6	7	8	9	**10**
11	12	13	14	15	16	17
18	19	20	21	22	23	24
25	26	27	28	29	30	

ARCHIVOS

<u>Mi familia</u>
Mi día a día
Mi día preferido
Mis fechas preferidas
Me presento

@ **Mi dirección de correo electrónico es** chicoschicas@edelsa.es. **Puedes escribirme.**

Ahora confecciona tu *blog*

PRESENTA A TU FAMILIA
Completa tu *blog* con esta información:

- Diseña el árbol genealógico de tu familia.
- Escribe el nombre y la edad de cada persona.
- Pega una foto o dibuja su rostro.
- ¿Tienes tíos y tías? ¿Cómo se llaman? ¿Cuántos años tienen?
- ¿Tienes primos y primas? ¿Cómo se llaman? ¿Cuántos años tienen?
- ¿Tienes hermanos y hermanas? ¿Cómo se llaman? ¿Cuántos años tienen?
- ¿Tienes un animal? ¿Cómo se llama? ¿De qué color es? ¿Cuántos años tiene? ¿Qué le gusta?

a

Pregunta a tu compañero la edad de cada persona y contesta a sus preguntas.

¿Cuántos años tiene Andrés?

Tiene...

Marina	22	Andrés	....
Paco	18	Sofía	....
el señor Montero	73	la profesora de Francés	....
la profe de Plástica	29	el señor Aguilera	....
el profe de Historia	57	la señora López	....
la profe de Ciencias	41	el señor Molina	....
el señor Martínez	68	la profesora de Lengua	....
la señora Nadal	74	el señor Castillo	....
el profe de Alemán	36	la señora Cobos	....
la señora Gil	92	el señor Alonso	....

b

el señor Alonso	82	....	la señora Gil
la señora Cobos	47	....	el profe de Alemán
el señor Castillo	77	....	la señora Nadal
la profesora de Lengua	45	....	el señor Martínez
el señor Molina	38	....	la profe de Ciencias
la señora López	60	....	el profe de Historia
el señor Aguilera	85	....	la profe de Plástica
la profesora de Francés	44	....	el señor Montero
Sofía	14	....	Paco
Andrés	21	....	Marina

Tiene...

¿Cuántos años tiene Marina?

Pregunta a tu compañero la edad de cada persona y contesta a sus preguntas.

Bl@g de David López

"El mejor"

Mi habitación

Me gusta mucho mi habitación.
¡Es genial!
En mi habitación hay...

una estantería roja con libros
y un reproductor de CD

un sofá azul

una mesa de trabajo negra
con mi ordenador

un armario rojo

una silla verde

un balón de fútbol

una alfombra amarilla

una cama azul

una mesita de noche
negra con una
lámpara blanca

CALENDARIO

Lun	Mar	Mié	Jue	Vie	Sáb	Dom
				1	2	3
4	5	6	7	8	9	**10**
11	12	13	14	15	16	17
18	19	20	21	22	23	24
25	26	27	28	29	30	

ARCHIVOS

Mi habitación
Mi familia
Mi día a día
Mi día preferido
Mis fechas preferidas
Me presento

En mi habitación hago los deberes, estudio, escucho música, escribo *e-mails* a mis amigos, chateo con mis *ciberamigos,* leo cómics, hablo con mis amigos, juego con los videojuegos, escribo SMS a mis compañeros del instituto.

 Mi dirección de correo electrónico es chicoschicas@edelsa.es**. Puedes escribirme.**

Ahora confecciona tu *blog*

MI HABITACIÓN
Completa tu *blog* con esta información:

• Describe tu habitación.
• Indica los muebles, elementos y objetos.
• Di dónde están y de qué color son, y píntalos.
• Y tú, ¿qué haces en tu habitación? Indica cinco actividades.

a

Observa la ilustración y contesta a las preguntas de tu compañero.

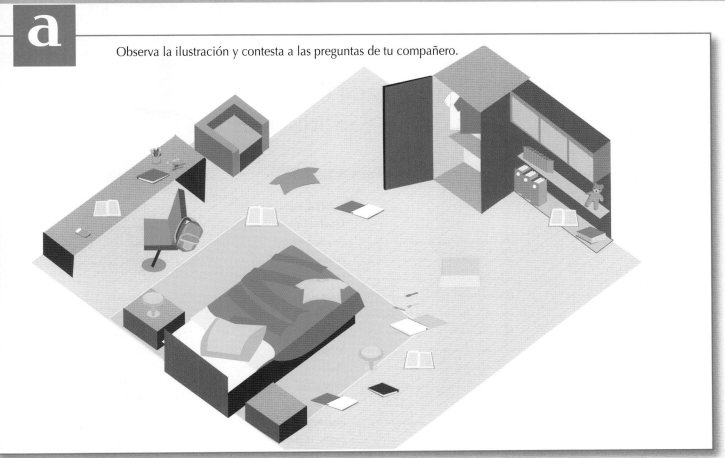

b

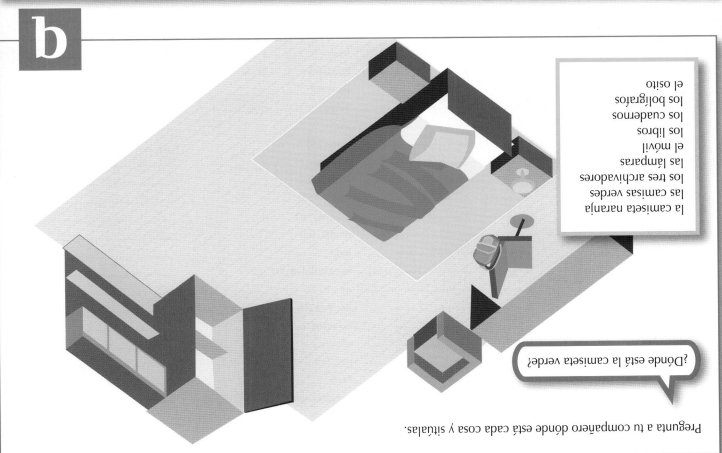

la camiseta naranja
las camisas verdes
los tres archivadores
las lámparas
el móvil
los libros
los cuadernos
los bolígrafos
el osito

¿Dónde está la camiseta verde?

Pregunta a tu compañero dónde está cada cosa y sitúalas.

Escribe en tu idioma el significado de estas palabras y expresiones

MÓDULO 1

acción (la)	....
ahora	....
alemán, alemana	....
Alemania	....
América	....
americano, americana	....
amigo, amiga (el, la)	....
apellido (el)	....
Argentina	....
argentino, argentina	....
bandera (la)	....
belga	....
Bélgica	....
bien	....
Brasil	....
brasileño, brasileña	....
¡buenos días!	....
cambiar	....
Canadá	....
canadiense	....
clase (la)	....
cómo	....
¿cómo te llamas?	....
completar	....
comprobar	....
cuaderno (el)	....
¿de dónde eres?	....
decir	....
día (el)	....
diálogo (el)	....
dónde	....
¿dónde vives?	....
él, ella	....
elegir	....
ellos, ellas	....
escuchar	....
España	....

español, española	....
Estados Unidos	....
estadounidense	....
estudiar	....
francés, francesa	....
Francia	....
Grecia	....
griego, griega	....
hablar	....
¡hola!	....
idioma (el)	....
indicar	....
Inglaterra	....
inglés, inglesa	....
instituto (el)	....
Italia	....
italiano, italiana	....
leer	....
lengua (la)	....
llamarse	....
luego	....
mal	....
mapa (el)	....
marroquí	....
Marruecos	....
más	....
moneda (la)	....
mundo (el)	....
muy	....
nacionalidad (la)	....
no	....
nombre (el)	....
nosotros, nosotras	....
observar	....
país (el)	....
Perú	....
peruano, peruana	....
Portugal	....
portugués, portuguesa	....

preguntar ....

presentar ....

profesor, profesora (el, la) ....

pronombre (el) ....

qué ....

saludar ....

ser ....

sí ....

Suiza ....

suizo, suiza ....

texto (el) ....

tú ....

usted, ustedes ....

verbo (el) ....

vivir ....

vosotros, vosotras ....

y ....

yo ....

MÓDULO 2

abril ....

agosto ....

año (el) ....

bolígrafo (el) ....

compañero, compañera (el, la) ....

cuándo ....

¿cuándo es tu cumpleaños? ....

cuántos ....

¿cuántos años tienes? ....

cumpleaños (el) ....

diciembre ....

domingo (el) ....

edad (la) ....

el, la ....

enero ....

estuche (el) ....

febrero ....

fiesta (la) ....

fin de semana (el) ....

goma (la) ....

invierno (el) ....

jueves (el) ....

julio ....

junio ....

libro (el) ....

lunes (el) ....

martes (el) ....

marzo ....

mayo ....

mes (el) ....

miércoles (el) ....

mochila (la) ....

noviembre ....

número (el) ....

octubre ....

otoño (el) ....

palabra (la) ....

plural (el) ....

primavera (la) ....

regalo (el) ....

regla (la) ....

rey, reina (el, la) ....

rotulador (el) ....

sábado (el) ....

sacapuntas (el) ....

semana (la) ....

septiembre ....

tener ....

un, una ....

vacaciones (las) ....

verano (el) ....

viernes (el) ....

MÓDULO 3

actividades (las) ....

aprender ....

asignatura (la) ....

Ciencias (las) ....

cuál ....

¿cuál es tu actividad de clase favorita? ....

curso (el) ....

deberes (los) ....

describir ....

escribir ....

favorito, favorita ....

Física (la) ....

francés (el) ....

Geografía (la) ....

hacer ....

Historia (la) ....

hora (la) ....

horario (el) ....

inglés (el) ....

italiano (el) ....

leer ....

Lengua (la) ....

Literatura (la) ....

Matemáticas (las) ....

Música (la) ....

Plástica (la) ....

¿qué hora es? ....

Tecnología (la) ....

MÓDULO 4

¿a qué hora... ? ....

amarillo (el) ....

azul (el) ....

bici(cleta) (la) ....

blanco (el) ....

cama (la) ....

canción (la) ....

cantante (el, la) ....

casa (la) ....

color (el) ....

comer ....

cotidiano, cotidiana ....

deporte (el) ....

disco (el) ....

expresar ....

grupo (el) ....

gustar ....

ir ....

levantarse ....

marrón (el) ....

negro (el) ....

rojo (el) ....

rosa (el) ....

también ....

tampoco ....

tarde (la) ....

verde (el) ....

violeta (el) ....

MÓDULO 5

abuelo, abuela (el, la) ....

adjetivo (el) ....

alto, alta ....

bajo, baja ....

barba (la) ....

bigote (el) ....

calvo ....

corto, corta ....

delgado, delgada ....

familia (la) ....

gafas (las) ....

gordo, gorda ....

guapo, guapa ....

hermano, hermana (el, la) ....

hijo, hija (el, la) ....

joven ....

largo, larga ....

llevar ....

madre (la) ....

marido (el) ....

mayor ....

moreno, morena ....

mujer (la) ....

ojo (el) ....

padre (el) ....

pelo (el) ....

persona (la) ....

primo, prima (el, la) ....

rizado, rizada ....

rubio, rubia ....

tío, tía (el, la) ....

MÓDULO 6

a la derecha de ....

a la izquierda de ....

alfombra (la) ....

apartamento (el) ....

armario (el) ....

baño (el) ....

calle (la) ....

chalet (el) ....

cocina (la) ....

comedor (el) ....

cuarto de baño (el) ....

debajo de ....

derecha (la) ....

dirección (la) ....

dormitorio (el) ....

encima de ....

estante (el) ....

estantería (la) ....

grande ....

habitación (la) ....

ideal ....

izquierda (la) ....

lámpara (la) ....

mesa (la) ....

mesita de noche (la) ....

muebles (los) ....

piso (el) ....

puerta (la) ....

salón (el) ....

silla (la) ....

sillón (el) ....

sofá (el) ....

terraza (la) ....

ventana (la) ....

Estas son tus 250 primeras palabras del español

a la derecha de
a la izquierda de
abril
abuelo, abuela (el, la)
acción (la)
actividades (las)
adjetivo (el)
agosto
ahora
alemán, alemana
Alemania
alfombra (la)
alto, alta
amarillo (el)
América
americano, americana
amigo, amiga (el, la)
año (el)
apartamento (el)
apellido (el)
aprender
Argentina
argentino, argentina
armario (el)
asignatura (la)
azul (el)
bajo, baja
bandera (la)
baño (el)
barba (la)
belga
Bélgica
bici(cleta) (la)
bien
bigote (el)
blanco (el)
bolígrafo (el)
Brasil
brasileño, brasileña
calle (la)
calvo

cama (la)
cambiar
Canadá
canadiense
canción (la)
cantante (el, la)
casa (la)
chalet (el)
Ciencias (las)
clase (la)
cocina (la)
color (el)
comedor (el)
comer
cómo
compañero, compañera (el, la)
completar
comprobar
corto, corta
cotidiano, cotidiana
cuaderno (el)
cuál
cuándo
cuántos
cuarto de baño (el)
cumpleaños (el)
curso (el)
debajo de
deberes (los)
decir
delgado, delgada
deporte (el)
derecha (la)
describir
día (el)
diálogo (el)
diciembre
dirección (la)
disco (el)
domingo (el)
dónde

dormitorio (el)
edad (la)
él, ella
elegir
ellos, ellas
encima de
enero
escribir
escuchar
España
español, española
Estados Unidos
estadounidense
estante (el)
estantería (la)
estuche (el)
estudiar
expresar
familia (la)
favorito, favorita
febrero
fiesta (la)
fin de semana (el)
Física (la)
francés, francesa
Francia
gafas (las)
Geografía (la)
goma (la)
gordo, gorda
grande
Grecia
griego, griega
grupo (el)
guapo, guapa
gustar
habitación (la)
hablar
hacer
hermano, hermana (el, la)
hijo, hija (el, la)
Historia (la)
hora (la)
horario (el)
ideal
idioma (el)
indicar
Inglaterra
inglés, inglesa
instituto (el)
invierno (el)
ir
Italia
italiano, italiana
izquierda (la)
joven

jueves (el)
julio
junio
lámpara (la)
largo, larga
leer
Lengua (la)
levantarse
libro (el)
Literatura (la)
llamarse
llevar
luego
lunes (el)
madre (la)
mal
mapa (el)
marido (el)
marrón (el)
marroquí
Marruecos
martes (el)
marzo
Matemáticas (las)
mayo
mayor
mes (el)
mesa (la)
mesita de noche (la)
miércoles (el)
mochila (la)
moneda (la)
moreno, morena
muebles (los)
mujer (la)
mundo (el)
Música (la)
muy
nacionalidad (la)
negro (el)
no
nombre (el)
nosotros, nosotras
noviembre
número (el)
observar
octubre
ojo (el)
otoño (el)
padre (el)
país (el)
palabra (la)
pelo (el)
persona (la)
Perú
peruano, peruana

piso (el)
Plástica (la)
Portugal
portugués, portuguesa
preguntar
presentar
primavera (la)
primo, prima (el, la)
profesor, profesora (el, la)
pronombre (el)
puerta (la)
qué
regalo (el)
regla (la)
rey, reina (el, la)
rizado, rizada
rojo (el)
rosa (el)
rotulador (el)
rubio, rubia
sábado (el)
sacapuntas (el)
salón (el)
saludar
semana (la)
septiembre
ser

sí
silla (la)
sillón (el)
sofá (el)
Suiza
suizo, suiza
también
tampoco
tarde (la)
Tecnología (la)
tener
terraza (la)
texto (el)
tío, tía (el, la)
tú
usted, ustedes
vacaciones (las)
ventana (la)
verano (el)
verbo (el)
verde (el)
viernes (el)
violeta (el)
vivir
vosotros, vosotras
yo

para el profesor

Tras la redacción del *Marco común de referencia para la enseñanza de las lenguas*, que fija los seis niveles de dominio de la lengua y que marca que el objetivo de la enseñanza - aprendizaje de lenguas es el plurilingüismo y la pluriculturalidad, distintas autoridades educativas y académicas han elaborado documentos y recomendaciones que fijan de manera más clara los principios que deben regir la enseñanza del español en el mundo.

En este contexto de renovación didáctica, abordamos este nuevo manual en una nueva edición, que supone una mayor adecuación a los planes de estudio de plurilingüismo y pluriculturalismo y, al mismo tiempo, una redistribución de los contenidos y una progresión más adaptada al ritmo del aula y a los requisitos educativos.

El libro parte de las recomendaciones metodológicas del *Marco común de referencia para la enseñanza de las lenguas*, de los objetivos de dominio alcanzables fijados por los Ministerios de Educación de los distintos países, y de las especificaciones de niveles indicados en los *Niveles de referencia para el español* elaborados, por encargo del Departamento de Lingüística del Consejo de Europa, por el Instituto Cervantes.

Siguiendo estas recomendaciones, en este dossier usted encontrará unas sugerencias para llevar a la clase el libro del alumno. Con estas propuestas pretendemos ofrecerle algunas ideas que le ayuden a sacar más partido de las diferentes actividades, proponerle algunas actividades extras que usted podrá fotocopiar y llevar a la clase para poder aumentar la práctica de los contenidos de las diferentes lecciones, así como dos modelos de pruebas o exámenes parciales con los que completar su clase.

En http://www.edelsa.es/nuevochicoschicas.htm usted podrá consultar un dossier metodológico con las especificaciones del *Marco común de referencia para la enseñanza de las lenguas*, con la distribución de los contenidos según los *Niveles de referencia para el español* y con pautas didácticas, así como diferentes pruebas, exámenes y ejercicios complementarios.

Índice

Pautas y sugerencias para la clase

Lección 0

▶ Primer contacto con España

Anote en la pizarra el nombre de las dos ciudades más grandes de España: Madrid y Barcelona. Invite a los alumnos a nombrar más ciudades (4 ó 5) y escríbalas también en la pizarra. A continuación, centre la atención de los alumnos en el mapa. Enséñeles dónde están Madrid y Barcelona y anímelos a indicar dónde están situadas las ciudades que ellos han mencionado. Escriba el título de la lección en la pizarra: **España y sus 17 comunidades.** Lea el nombre de cada comunidad en voz alta y muéstrela en el mapa. Según la motivación de los alumnos, compare la división política de España (en 17 comunidades) con la de su país.

1. Números, números
Centre la atención de los alumnos en los números del libro y ponga la pista 1 del CD para que descubran cómo se dice cada uno. Ponga otra vez la pista 1 para que los alumnos repitan los números después del locutor. Como ejercicio de consolidación, diga los siguientes números, los alumnos han de escribirlos en cifras en grande en un folio y enseñárselo: 8, 11, 15, 3, 6, 1, 5, 16, 9, 14, 2, 12, 4, 7, 10, 17, 13. Seguidamente, deje que los alumnos los copien en su cuaderno (en cifras y en letras).

2. Las comunidades y sus capitales
Realice la actividad en dos pasos. Primero, deje unos minutos a los alumnos para observar el mapa de las comunidades y lea todos los nombres en voz alta. Ponga la pista 2 del CD con una pausa después de cada nombre para que los alumnos localicen el número correspondiente en el mapa. Después, deje a los alumnos trabajar de forma individual. Cuando hayan escrito los nombres y, antes de poner el CD para comprobar, propóngales que comparen sus respuestas con las de su compañero de pupitre. Como actividad de consolidación, plantee preguntas del siguiente tipo: *¿Cuál es la capital de Cataluña? ¿Cuál es la capital de Andalucía?* Saque voluntarios para hacer más preguntas a sus compañeros.

▶ Amigos españoles

Llame la atención de la clase sobre las frases y ponga la pista 4 del CD para que escuchen y lean las frases al mismo tiempo. Después de la audición, repita cada frase y sitúe las ciudades en el mapa. Luego, solicite siete voluntarios (cuatro chicas y tres chicos) para leer las frases.

Demuestre la mecánica del ejercicio con el ejemplo del libro. Es importante que cada alumno pueda hablar al menos una vez y diga su nombre. Sus compañeros pueden anotar los nombres en su cuaderno.

▶ El alfabeto

Canción del alfabeto
Invite a los alumnos a observar el alfabeto español. Es muy probable que se fijen en la "ñ" (la letra característica del alfabeto español), escríbala en la pizarra diciendo: "Esta letra es una eñe". Ponga la canción para que descubran cómo se pronuncia cada letra. Después de la audición, si les ha gustado la canción, motívelos para que canten junto con el CD.

¿Cómo se escribe?
Saque a un voluntario a la pizarra y centre la atención de la clase sobre el primer nombre de ciudad. Pida a los alumnos que reconstruyan las letras y al alumno de la pizarra que las escriba. Cuando haya escrito las cinco series de letras, invite a los alumnos a que observen el mapa de España de la página 6 y reordenen los cinco nombres de ciudades (todos están en el mapa). Como consolidación, motive a los alumnos para que, por parejas, elijan tres nombres de ciudades y los escriban en la pizarra con las letras desordenadas para que sus compañeros las vuelvan a ordenar. Haga que localicen las ciudades en el mapa.

Nueve amigos españoles

Antes de escuchar el CD, pida a sus estudiantes que lean a coro los nombres de los nueve chicos. Después ponga la pista 6 y sus alumnos los ordenan. Como ejercicio de consolidación, puede sacar un voluntario, que deletree uno de los nombres y sus compañeros identifican cuál es. Saque varios voluntarios.

Nombres españoles

Llame la atención de los alumnos sobre el recuadro. Ponga la pista 7 y deje que escuchen los nombres mientras los leen en el libro. Realice otra audición para que repitan los nombres después del locutor. Ayúdelos con los nombres que les resulten difíciles de pronunciar. Como ejercicio de consolidación, saque a un voluntario a la pizarra e invite a sus compañeros a dictarle algunos nombres. Finalmente, anime a los alumnos a deletrear su nombre en español: *"Me llamo .... y en español es ....."*.

¿Cómo se pronuncia?

Ponga el CD dos veces: primero para que los alumnos descubran cómo se escriben y pronuncian las letras destacadas, y después para que digan los nombres a continuación del locutor. Seguidamente, propóngales el siguiente juego: escriba en la pizarra aquellos que presenten las mayores dificultades de pronunciación y anímelos a que lean cada uno varias veces en voz alta. Gana el alumno que más nombres seguidos repita sin equivocarse.

¿Cómo se escribe?

Ejemplifique el ejercicio con un nombre. Para ello, copie en la pizarra y diga en voz alta las siguientes sílabas y anime a los alumnos a encontrar el nombre correspondiente: TI CRIS NA (Cristina). Seguidamente, deje que trabajen de forma individual y silenciosa. Antes de corregir, invítelos a que comparen sus respuestas con las de su compañero de pupitre.

Módulo 1: Presenta a tus amigos

Lección 1: ¡Hola!

En un chat

Antes de poner el CD, presente a las dos protagonistas (Sara y Alicia) y escriba su nombre en la pizarra. Como ejercicio de consolidación, proponga a los alumnos que copien el diálogo en su cuaderno. Haga hincapié en los signos de exclamación e interrogación al principio y al final de las frases exclamativas e interrogativas.

Saluda a tus amigos

Para que el ejercicio resulte más comunicativo, los alumnos pueden trabajar por parejas y usar sus nombres reales. Aunque lleva tiempo, haga que todos los alumnos salgan a la pizarra para escenificar un diálogo.

El primer día de clase

Después de la audición, saque voluntarios para escenificar el diálogo, haga el papel del profesor.

En el aula: *¿Tú o usted?*

Lea las cuatro preguntas resaltando *tú, usted, vosotros* y *ustedes.* Para facilitar la comprensión, proponga a los alumnos que comparen estas formas con las correspondientes en su idioma materno.

Como un español

Pida primero a los alumnos que copien en su cuaderno el cuadro del verbo *llamarse.* Hágales notar que los españoles tienen dos apellidos: el del padre y el de la madre. De momento, no hace falta dar más explicaciones, este tema se ampliará en el módulo 5.

Lección 2: Los países

Ciudadano del mundo

Después de poner el CD, anime a los alumnos a que copien los nombres de los países en su cuaderno. Dibuje un mapa de Europa en la pizarra y pregunte dónde está cada país mencionado.

A continuación, realice la actividad de formar nombres de países. Para que la actividad resulte más motivadora, pida a los alumnos que trabajen por parejas y asígneles un tiempo máximo de seis minutos. Gana el grupo que más nombres de países (sin faltas) escriba.

¿De dónde eres?

Haga notar a los alumnos que las nacionalidades masculinas con tilde en la última sílaba *(alemán, francés, inglés...)* no llevan tilde en femenino.

En América se habla español

Cuando los alumnos hayan repetido los nombres, enséñeles un mapa, señale un país y anímelos a que digan su nombre. Como ejercicio de consolidación, invítelos a que los clasifiquen por orden alfabético y luego por continentes: Europa, África, América.

Antes de empezar con la actividad, realice otra audición de la pista 14 y deje que los alumnos observen los nombres de las nacionalidades. Dígales que cierren el libro. Escriba nombres de países en la pizarra y anime a los alumnos a que indiquen las nacionalidades correspondientes.

Llame la atención de los alumnos sobre las camisetas. Indíqueles que trabajen de forma individual y comparen luego sus respuestas con las de su compañero de pupitre.

¡A divertirse!

Juega con los números
Repase primero con los alumnos los números vistos en la página 7. Luego, lean juntos en voz alta los números del teléfono de Verónica. Ponga el audio. Indique a los alumnos que han de escribir los números en letras en su cuaderno. Para que la actividad resulte más comunicativa, invítelos a que simulen otras llamadas en parejas.

Juega con los sonidos
Llame la atención hacia los signos de puntuación ya trabajados en la página 12. Después de escuchar el audio de la pista 18, para afianzar los conocimientos, pida a sus alumnos que escriban otros diálogos de presentación en parejas o grupos pequeños. Después de corregirlos, haga que lo representen en clase.

Acción: Presenta a tus amigos

1. Proponga a los alumnos que trabajen por parejas. Una pareja lee y completa la ficha de Nacho y otra pareja lee el texto y la ficha de Marta. Luego leen e intercambian la información a la otra pareja. Seguidamente, haga una puesta en común y escriban las frases propuestas en la pizarra.

2. Todos juntos pueden realizar la actividad. Para preparar la realización de la acción, ejemplifique diciendo (ficha del alumno A): *Tengo una ciberamiga española.* Escriba *España* en la pizarra. Anime a algún voluntario B a seguir en voz alta delante de toda la clase. Luego, deje que los alumnos sigan solos.

Ahora, con los datos de la actividad 2, los alumnos tienen que escribir un texto para presentar a sus *ciberamigos*. Para ayudarles, puede escribir estas frases en la pizarra:

- *Tengo un* ciberamigo *en ..... se llama ..... Tengo una* ciberamiga *en ..... se llama .....*
- *Con ..... hablo .... Con ..... hablo ..... porque los dos estudiamos ..... en el instituto.*

MAGACÍN CULTURAL

1. Proponga a los alumnos que trabajen por parejas. Es probable que en las preguntas *c* y *e* no tengan problemas pues, seguramente, lo habrán estudiado en clase de Sociales. Para las otras, solo se pide que utilicen su intuición. Los alumnos conocerán los datos correctos después de haber leído el texto de Virginia.

2. Llame la atención de los alumnos sobre el mapa y pregúnteles qué elementos conocen. Después, lean el texto de Virginia y comprueben las respuestas de la actividad 1, el Mini-test geográfico.

Como consolidación, saque voluntarios para que lean el texto en voz alta. Luego, diga a los alumnos que vuelvan a leer el texto muy detenidamente dos veces y cierren el libro. Dícteles el texto. Una vez finalizado el dictado, haga que sus estudiantes realicen la actividad 2. Corrija invitando a los alumnos a leer varias veces en voz alta la frase y su final correcto. Para que la actividad resulte más divertida, puede organizar un concurso: los alumnos trabajan en equipos de cuatro y gana el que acierte más respuestas.

La actividad intercultural puede hacerse en casa para la clase siguiente. Si quiere, incluso puede hacer la actividad por escrito pidiendo a sus estudiantes que escriban un texto sobre su país como el de Virginia.

Lección 3: Mis cosas

En la mochila

Deje que los alumnos observen la ilustración y ponga la pista 20 del CD. Realice dos audiciones: la primera para que los alumnos repitan las palabras y la segunda para que localicen cada objeto mencionado e indiquen el número correspondiente y completen las palabras que faltan en la ilustración. Luego, enséñeles cada objeto (real) para que digan su nombre, a coro. A continuación, ejemplifique la segunda parte de la actividad: diga un número y pregunte, por ejemplo: *El número 7, ¿qué es? ¿Y el número 2?* Motive así a los alumnos para que sigan solos. Para que memoricen este nuevo vocabulario, anímelos a que repitan varias veces el mismo número: cuantas más veces oigan cada palabra, mejor se la aprenderán. Para completar los cuadros, proponga a los alumnos que trabajen de forma individual y comparen luego sus respuestas con las de su compañero de pupitre.

El libro, la goma...

Si comprueba dificultades a la hora de seleccionar el género de las palabras por la terminación, haga que los alumnos observen los artículos que acompañan a las palabras de la ilustración de la página 24. Invite a los alumnos a que copien la primera tabla en su cuaderno. Pronuncie estas palabras y pídales que las repitan añadiendo los artículos definidos e indefinidos (también es una forma de repasar el vocabulario de la unidad anterior): *cuaderno, reglas, mochila, lápices, bolígrafo, profesora, chicos, país, nombre, apellido, letras,* ciberamigos, *océano, bandera.* Seguidamente, centre su atención en la segunda tabla y dígales que escriban las palabras en singular y en plural en su cuaderno. Después, haga que indiquen el plural de *profesor, amigo,* ciberamiga, *comunidad, actividad, ejercicio, capital, mapa, pregunta, monumento, vocal, consonante, instituto, nacionalidad, personaje.*

Deje que los alumnos contesten en su cuaderno a la actividad *c* y comparen luego sus palabras con las de su compañero de pupitre.

Prepara tu mochila

Muestre cada objeto de la ilustración a los alumnos diciendo: *¿Qué es?* Estos deberán contestar: *Es un/una + [nombre del objeto].* Copie esta estructura en la pizarra para que la memoricen. Demuestre la actividad con el ejemplo del libro: *Pedro tiene dos rotuladores, ¿verdadero o falso?* Si comprueba dificultades, cuente los rotuladores (uno) en la ilustración y dé la respuesta (falso). Si resulta necesario, proporcione otro ejemplo cuya respuesta sea "verdadero". A continuación, deje que los alumnos escriban sus frases en su cuaderno y saque voluntarios para leer las suyas.

Acérquese a un alumno y pregúntele qué lleva en la mochila. Cuando haya contestado, anímelo a hacer la misma pregunta a otro compañero. Y así sucesivamente. Resulta divertido, al final de la actividad, comprobar quién lleva más cosas en la mochila.

Lección 4: ¡Feliz cumpleaños!

El día de mi cumpleaños

Ponga dos veces la canción de los números. En la primera deje que sus estudiantes la escuchen y vean en el libro cómo se escriben los números. En la segunda, pida a sus estudiantes que cierren el libro, escuchen y escriban las palabras en su cuaderno. Puede ser divertido si al final cantan todos juntos la canción.

Para la actividad *b*, deje que los alumnos observen las camisetas y pregunte: *¿Qué número lleva Lucas? ¿Qué número* *lleva Pilar?* Continúe con todos los nombres. Luego, demuestre el juego con el ejemplo, diciendo: *Rosa y Jaime, ¿qué número es?* (1 - 4 > 14). Escriba la respuesta en la pizarra, en letras y cifras. Siga con estos nombres: Rosa/Luis, Víctor/Pilar, Rosa/Carolina, Víctor/Lucas, Víctor/Federica, Rosa/Jaime, Carolina/Rosa, Víctor/Jaime, Rosa/Víctor, Rosa/Pilar, Víctor/Carolina.

Diga cuatro números del 1 al 31 (por ejemplo: 8, 11, 21, 30) y pida a los alumnos que los escriban con letras en su cuaderno. Seguidamente, anímelos a que hagan lo mismo por parejas, con los libros cerrados. Cuando haya terminado, dígales que se intercambien los cuadernos y corrijan los posibles errores de su compañero.

Las fiestas

Antes de poner el CD, lea los nombres de cada mes y día y haga que los alumnos los repitan y escriban luego en su cuaderno. Centre su atención en las ilustraciones y presente cada fiesta, sin indicar la fecha (solo el nombre) y dígales que los copien en su cuaderno (uno por línea): el día de los Reyes Magos, el día del Padre, la fiesta del Trabajo, el día de la Hispanidad (llegada de Colón a América), Navidad y Fin de Año. Ponga la pista 22 del CD y anime a los alumnos a que escriban la fecha junto a la fiesta correspondiente. Finalmente pregunte, por ejemplo, *¿Cuándo es el día de la Hispanidad?*

Escriba en la pizarra: *¿Cómo se dice ..... en español?* y motive a los alumnos a que usen esta frase para preguntarles cómo se dicen en castellano los nombres de las fiestas en su país. Realicen la actividad todos juntos y vaya anotando las respuestas de la clase en la pizarra.

De norte a sur

Diga el nombre de cada estación para dar el modelo de pronunciación. Luego, plantee las siguientes preguntas (este ejercicio le permitirá hacer un repaso de los nombres de los países):
- *En Italia, ¿cuándo empieza y termina el verano?*
- *En Argentina, ¿cuándo empieza y termina la primavera?*
- *En Canadá, ¿cuándo empieza y termina el invierno?*
- *En Grecia, ¿cuándo empieza y termina el otoño?*
- *En el sur de Brasil, ¿cuándo empieza y termina el invierno?*
- *En Austria, ¿cuándo empieza y termina la primavera?*
- *En Chile, ¿cuándo empieza y termina el otoño?*
- *En Bolivia, ¿cuándo empieza y termina el verano?*

Proponga a los alumnos que trabajen en pequeños grupos o todos juntos: uno hace la pregunta: *¿En qué estación es .....?* y sus compañeros contestan a coro.

Tu cumpleaños

Después de la audición, solicite voluntarios para escenificar la conversación. Luego saque a un voluntario a la pizarra y pida a sus compañeros que le dicten los textos completos de la actividad *b*.

Escriba en la pizarra las estructuras que los alumnos han de usar: *¿Cuándo es el cumpleaños de .....? El cumpleaños de ..... es el ..... de .....* Subraye el artículo determinado *el* y la preposición *de* y haga hincapié en su uso obligatorio en las fechas. Seguidamente, retome el ejemplo del libro y solicite 8 voluntarios para hacer las demás preguntas.

Reproduzca la tabla en la pizarra y anime a los alumnos a que la copien en su cuaderno. Luego, deje que formen los grupos. Centre la atención de la clase sobre el recuadro "Hablar de la edad" y pregunte a un alumno: *¿Cuántos años tienes, David? ¿Qué día es tu cumpleaños?* y anote sus respuestas en las casillas correspondientes. Finalmente, deje que los grupos completen la tabla y circule por el aula para comprobar que se comunican en castellano.

¡A divertirse!

Juega con los objetos

Deje que los alumnos trabajen de forma individual y comparen luego su trabajo con el de su compañero de pupitre. Seguidamente, corrija poniendo todas las respuestas en común, los alumnos deberán usar la estructura: *En la ilustración 1, José tiene dos libros y en la ilustración 2 tiene uno.*

Juega con los meses

Centre la atención de los alumnos sobre el ejemplo. Luego, juegue con ellos diciendo nombres de meses. Saque al máximo número de alumnos, aunque usen varias veces un mismo mes. Lo importante es que se vayan acostumbrando a hablar unos con otros.

Juega con los sonidos

Realice dos audiciones: La primera para que los alumnos descubran las palabras, la segunda para que las escriban (ya las conocen todas, por lo que no deberían cometer faltas). Luego, cópielas en la pizarra. Repita cada palabra haciendo hincapié en la sílaba acentuada para que los alumnos la localicen sin problemas. Finalmente, haga que las repitan todas.

Solicite voluntarios, cada uno deberá leer una palabra destacando la sílaba acentuada. Si resulta necesario, proponga el siguiente ejercicio de consolidación: copie estas palabras (o elija las que prefiera) en la pizarra para que las pronuncien los alumnos (subraye la sílaba acentuada). *Pegamento, archivador, palabra, amigo, sábado, marzo, miércoles, adiós, estación, calendario, Navidad, otoño, nacional, Miguel, David, página, libro, saludar, diálogo, apellido, Portugal, México, instituto.*

► Acción:

Deje que los alumnos observen la ilustración y proporcione el siguiente vocabulario (muestre el dibujo correspondiente): *el regalo, el videojuego, el sello, el CD, la pelota de baloncesto.* Explique el sentido de *Te tiro de la orejas* y *Un beso* con mímica. Ponga la pista 26 del CD y anime a los alumnos a que contesten por escrito en su cuaderno y comparen luego sus respuestas con su compañero de pupitre.

Diga a los alumnos que trabajen de forma individual. Luego, saque a un voluntario a la pizarra y motive a sus compañeros para que le dicten la postal.

Ponga de nuevo la pista 26 con las pausas necesarias y pida a los alumnos que copien en su cuaderno las frases usadas por los amigos para dar el regalo y felicitar a Marina y por Marina.
- Los amigos: *Toma, es para ti... / Toma, Marina. / ¡Feliz cumpleaños!*
- Marina: *¿Qué es? / A ver... / Un/Una ..... ¡Qué bien! / ¡Muchas gracias!*
Haga que observen la ilustración y nombren los regalos no mencionados en el audio: *el estuche, los sellos, los bolígrafos.* Invite a los alumnos a que trabajen por parejas: han de escribir otro diálogo usando las frases anteriores y eligiendo uno de los tres regalos. Finalmente, solicite voluntarios para representar su conversación ante la clase.

Celebra un cumpleaños español

Lea las frases haciendo mímica para ayudar a los alumnos a relacionarlas con las ilustraciones. A continuación, pregunte a algunos alumnos qué hacen sus amigos el día de su cumpleaños. Si observa dificultades, enséñeles cada ilustración.

Nota: se tira de las orejas tantas veces como años se cumplan.

Finalmente, ponga la pista 27 para que los alumnos escuchen la canción del cumpleaños feliz. Según su motivación, repita la audición y propóngales que canten.

1. Pida a sus estudiantes que lean el texto en silencio. No es importante que comprendan todas las palabras, se trata de que identifiquen la información de forma general. Después observe con ellos las fotografías y todos juntos las relacionan con las fiestas. Dé las explicaciones culturales que considere oportunas.

2. Anime a los alumnos a que trabajen por parejas y comparen luego sus respuestas con las de otro grupo.

3. Deje que los alumnos trabajen de forma individual. Luego, saque a un voluntario a la pizarra para enseñar las ilustraciones en el mapa de la página 18.

Interculturalidad
Anime a los alumnos a que trabajen por parejas: primero uno lee el texto y su compañero completa la columna "En España" con el libro cerrado; luego, rellenan la columna "En tu país" juntos.

Lección 5: Los deberes

¿Qué deberes tenemos?

Centre la atención de los alumnos sobre el diálogo y ponga la pista 29 del CD para que descubran el texto. Lea de nuevo cada frase y explique el sentido de los verbos con mímica. Repita la audición. Finalmente, saque un voluntario para hacer una lectura expresiva del texto. A continuación los alumnos rellenan la agenda de Sara como control de la comprensión. Puede proponer a los alumnos que trabajen por turnos, uno lee una frase y su compañero la clasifica en la agenda.

Trece verbos

Después, en parejas, marcan los verbos en la cadena como forma de entrada a la clasificación de los verbos en las tres conjugaciones: *-ar, -er, -ir.* Para realizar la última actividad, puede proponer un concurso. Deles un tiempo y en grupos gana el equipo que más verbos localice en los dos módulos anteriores.

Hacemos ejercicios

Después de observar y explicar la formación del presente, para consolidar la comprensión, diga a los alumnos que conjuguen los siguientes verbos en presente: *hablar, comprender, vivir.*

Enseñe los personajes a los alumnos diciendo: *Al chico decimos "tú". Al señor decimos "usted", a los chicos decimos "vosotros" y a los hombres decimos "ustedes".* Lea todas las formas en voz alta haciendo hincapié en la terminación. Repita cada forma y pregunte de cuál se trata: *tú, usted, vosotros* o *ustedes.* Si observa dificultades, remita a los alumnos al cuadro anterior. Finalmente, anime a los alumnos a que clasifiquen los verbos en esta tabla y comparen las cuatro terminaciones.

tú	usted	vosotros	ustedes

Con el texto del chat de Sara, deje que los alumnos copien y completen solos el texto en su cuaderno y comparen sus respuestas con las de su compañero de pupitre. Destaque los artículos contractos *al / del.*

Juega con tus compañeros

Centre la atención de los alumnos sobre los ejemplos del libro y complete usted también tres trozos de papel. Luego, ponga todos los trozos en una caja y mézclelos. Coja uno y léalo, los alumnos han de conjugar el verbo en la forma indicada. Si sale varias veces un mismo verbo, aparte discretamente el trozo de papel y, según el tiempo disponible o si los alumnos no han sabido conjugar el verbo correctamente, vuelva a decir el verbo y la forma al final de la actividad.

Lección 6: Tus clases

¿Qué hora es?

Realice dos audiciones: la primera para que los alumnos descubran los textos y la segunda, con pausas, para que relacionen cada diálogo con una ilustración. Copie todas las horas en la pizarra: *las dos menos diez; las diez y veinte; la una y media; las seis y veinticinco; las ocho menos cuarto.* Junto a cada una, dibuje un reloj sin agujas y saque un voluntario para dibujarlas. Motive a los alumnos para que los reproduzcan en su cuaderno. Finalmente, centre su atención en el reloj grande y lea todas las horas en voz alta.

Los alumnos pueden trabajar de dos maneras.
- En gran grupo: ocho alumnos salen a la pizarra (o se levantan) para decir una hora y el resto de la clase indica el reloj.
- Por parejas: por turnos, un alumno dice una hora y su compañero le enseña el reloj.

Las asignaturas

Son el nombre oficial de las once asignaturas de la ESO (Enseñanza Secundaria Obligatoria). Algunas palabras ya las conocen, pues han aparecido en los módulos anteriores, como Matemáticas o Lengua; otras son internacionalismos. Por lo tanto, el alumno no tendrá muchas dificultades para identificarlas y asociarlas a una imagen y así aprenderlas. Proponga a sus alumnos que identifiquen los nombres de las asignaturas en parejas.

Nota: Educación para la Ciudadanía es una nueva asignatura implantada en el curso 2007-2008. Su objetivo es enseñar al alumno los valores de la Constitución española, la Declaración Universal de los Derechos Humanos, las opciones laicas y religiosas de los ciudadanos, el racismo y la violencia, el respeto y cuidado del medio ambiente, la circulación vial, el consumo racional, los conflictos del mundo actual, etc.

El horario de clase

Antes de iniciar la actividad, haga un repaso de los nombres de los días: solicite un voluntario para escribirlos en la pizarra. A continuación, centre la atención de la clase sobre el horario y lea el nombre de las asignaturas estudiadas cada día. Realice la actividad con los alumnos. Hágales notar la duración de cada clase (para que la deduzcan, indique a qué hora empieza y termina). ¿Es igual en su país?

Un horario a tu gusto

Se trata de una actividad lúdica. Deje que cada alumno presente su horario ideal sin preocuparse demasiado si están todas las asignaturas o no y la duración de las mismas. Para poder controlar la producción de todos, puede proponerles que, al terminar el trabajo en parejas, toda la clase presente los horarios y así confeccionar el horario ideal de toda la clase.

¡A divertirse!

Juega con las asignaturas
Se trata del típico juego de lógica, con el que sus alumnos, muy probablemente, están muy familiarizados. Propóngales que lo hagan en parejas.

Juega con los sonidos
Copie las palabras en la pizarra mientras las lee en voz alta. Luego, deje que los alumnos las observen y ponga la pista 31 del CD dos veces (la primera sin pausas). Durante la segunda audición, pare la grabación después de cada palabra y pregunte qué sílaba oyen más que las demás. Subráyela en las palabras de la pizarra. Seguidamente llame su atención en la letra final de cada una y ayúdelos a deducir la regla: *Todas estas palabras tienen el acento tónico en la penúltima sílaba* (enséñela). *¿Cuándo no llevan tilde? ¿Cuándo llevan tilde?*

Ponga la pista 32 del CD marcando una pausa entre cada palabra para dar tiempo a los alumnos a anotarla. Repítala si resulta necesario. Para corregir, saque a un voluntario a la pizarra y pida que un compañero le dicte las palabras e indique la sílaba tónica. Pida al voluntario que copie las palabras usando un color diferente para la última letra, sin poner las tildes y subrayando la sílaba acentuada. Todos juntos deduzcan las tildes necesarias en función de la letra final de cada palabra.

Acción:

1. Solicite un voluntario para leer el nombre de cada actividad. Luego, ponga la pista 33 del CD y deje que los alumnos trabajen individualmente. Finalmente, anímelos a que comparen sus respuestas con las de su compañero de pupitre.

2. Primero, los alumnos tienen que escribir el nombre de cada asignatura en la gráfica, en el mismo orden que en la actividad anterior. Luego, con los resultados de la encuesta, han de indicar a cuántos alumnos corresponde cada actividad.

3. Proponga a los alumnos que contesten primero en su cuaderno silenciosa e individualmente (asegúrese de que copian el comienzo de la frase del ejemplo) y haga una puesta en común.

Acción: ahora los alumnos van a realizar la misma encuesta en grupos de cinco. Para darles modelos de preguntas y respuestas, póngales de nuevo la pista 33 del CD o deles una transcripción de la conversación.

MAGACÍN CULTURAL

1. Observe con sus estudiantes el esquema de la ESO. Como han trabajado en el módulo las asignaturas y los cursos, no tendrán excesivo problema para entenderlo bien, pues casi todas las palabras son ya conocidas. A continuación sus alumnos leen individualmente el texto de Lucas y en parejas pueden responder a las preguntas de verdadero o falso. Para ampliar, puede pedirles a sus estudiantes que improvisen frases sobre los estudios de Lucas y sus compañeros tienen que decir si son verdaderas o falsas.

2. Todos juntos ven el sistema de notas y dicen si los cuatro alumnos están aprobados o suspendidos.

Interculturalidad

Por parejas, contestan a las preguntas. Después, como deberes para casa, puede pedirles que con la información de las preguntas redacten un texto como el de Lucas.

Módulo 4: Describe tu vida cotidiana

Lección 7: Un día normal

La rutina diaria

Escriba los verbos del recuadro en la pizarra y explique su sentido con mímica. Luego, pida a los alumnos que copien el texto en su cuaderno, dejando espacios para los verbos que faltan. Ponga la pista 35 del CD dos veces: la primera para que descubran el texto y la segunda, con pausas, para que lo completen. Como ejercicio de consolidación, plantee preguntas como las siguientes:

- *¿A qué hora se levanta?*
- *¿A qué hora cena?*

Después, en la actividad *b*, deje que los alumnos trabajen solos y comparen luego sus respuestas con las de su compañero de pupitre. Lea todas las formas del verbo *levantarse*. Si observa dificultades, explique a los alumnos que se conjuga como *llamarse* (módulo 1). Seguidamente, invítelos a que conjuguen *ducharse* en su cuaderno. Como ejercicio de consolidación, indique a los alumnos que den los infinitivos de cada verbo de la actividad *a*. Seguidamente, nombre un verbo y una persona, y pida a la clase que indique la forma (por ejemplo: *tomar, usted > toma*).

Y tú, ¿qué haces normalmente?

Dé unos minutos a los alumnos para que escriban las respuestas. Luego, solicite voluntarios para presentar sus actividades cotidianas a la clase. Resultará divertido comparar las respuestas. Por ejemplo: *¿Quién se levanta más pronto? ¿Quién llega primero al instituto? ¿Quién se acuesta más tarde?*

Mis amigos de clase

Antes de poner la grabación, si lo ve necesario, haga un repaso de las asignaturas. Para ello, invite a los alumnos a que las citen y anote los nombres en la pizarra. A continuación, déjelos unos minutos para que observen la ilustración y ponga la pista 36 tres veces: una para que se familiaricen con el texto, otra para que apunten en su cuaderno el nombre de cada amigo y la última para que escriban la asignatura preferida de cada chico junto a su nombre. Corrija enseñándoles los elementos de la ilustración (por ejemplo, el chándal de Elena) y pregunte: *¿Quién es? ¿Cuál es su asignatura preferida?*

Y a ti, ¿qué te gusta?

Copie en la pizarra las formas del verbo *gustar* haciendo especial hincapié en: *gusta* + verbo / nombre en singular y *gustan* + nombre en plural. Para asegurarse de la comprensión, escriba estas frases en la pizarra para que las completen los alumnos con *gusta* o *gustan*.

A nosotros nos .... la Geografía.
A usted le .... navegar por Internet.
A mí me .... las Ciencias.
A vosotros os .... escuchar canciones.
A José le .... leer poesías.
A ti te .... el inglés.
A ellos les .... el deporte.
A Consuelo le .... las Matemáticas.

Finalmente, deje que los alumnos realicen el ejercicio *b* y comparen luego sus respuestas con las de su compañero de pupitre.

Llame la atención de la clase sobre el recuadro de "herramientas", y haga hincapié en las expresiones para indicar acuerdo y desacuerdo. Luego pregunte sus gustos a algunos alumnos y compárelos con los suyos procurando usar las cuatro frases: *A mí también. A mí tampoco. A mí sí. A mí no.*

Finalmente, haga que los alumnos mencionen y comparen los gustos de los dos amigos, oralmente. Puede preguntarles, por ejemplo: *¿A Lorena le gusta leer? ¿Y a Manuel?*

Para ayudar a los alumnos, invíteles a que completen esta tabla con 3 actividades en cada columna.

Me gusta + infinitivo	*Me gusta* + nombre en singular	*Me gustan* + nombre en plural

En caso de dificultades, motívelos para que busquen vocabulario en la sección "Mi diccionario" de las unidades 1, 2 y 3 de su libro. Después de solicitar voluntarios para presentar sus gustos, pida a otros alumnos que los comparen con los suyos, por ejemplo:
- A ..... le gustan las Matemáticas, ¿y a ti .....?
- A ..... no le gusta leer poesía, ¿y a ti .....?

Lección 8: ¿De qué color es?

El mapa de España

Llame la atención de la clase sobre el mapa. Recuerde e introduzca el siguiente vocabulario: *la ciudad, la capital, el río, la playa, la montaña*. Ponga la pista 37 del CD y deje que los alumnos escuchen y lean el texto. Repita la audición pero, esta vez, para que asocien los nombres de los colores con los elementos del mapa.

Proponga a los alumnos que trabajen por parejas con un solo mapa. Uno lee las frases y el otro escribe los nombres de los colores con un lápiz o un rotulador del color correspondiente.

De colores

En la pista 38 sus estudiantes van a escuchar una canción con los colores. Es un ejercicio de identificación. Tienen que escuchar y poner en orden los colores presentados en el libro. Puede ser una actividad divertida que sus estudiantes se aprendan la canción.

Después, como práctica y producción, demuestre la actividad con el ejemplo del libro diciendo: *¿De qué color es la casilla 1b?* Cuando los alumnos hayan contestado, solicite voluntarios para sustituirle. Al final, repita las casillas correspondientes a los colores que hayan planteado problemas, para consolidarlos.

Las banderas hispanas

Después de explicar la formación del femenino y del plural a los alumnos, pida a estos que cierren el libro. Escriba en la pizarra: *gris, verde, amarillo, azul, rosa, negro, naranja, marrón, violeta, blanco, rojo*. Anime a los alumnos a que indiquen el femenino y los plurales de cada uno.

Presente un mapa de América o pida a los alumnos a que abran el libro por la página 15 y observen el mapa de los países hispanoamericanos.
Nota: si desea repasar un poco la fonética, diga en voz alta el nombre de cada país y haga que los alumnos los clasifiquen según la posición de su sílaba tónica. (*Puerto Rico y República Dominicana*: cada palabra en su columna correspondiente).

XX XX XX	XX **XX** XX	XX XX **XX**

Seguidamente, anímelos a que trabajen por parejas y escriban 3 frases imitando la del modelo para luego planteárselas a sus compañeros.

Ahora, los alumnos van a decir colores y sus compañeros deberán indicar un país.
Siga los mismos pasos que en la actividad anterior.

► El mundo es de colores

Se trata de una práctica lúdica y creativa, donde no hay respuestas cerradas. Como forma de introducción haga usted algunas frases utilizando su creatividad, por ejemplo, *Para mí, mi país es verde por la naturaleza.* Lea con sus alumnos el cuadro de opinar y los motivos, y pida que respondan individualmente y por escrito a las siete preguntas. A continuación, hagan un pequeño debate en pleno.

► ¡A divertirse!

Juega con los colores y los objetos
Dé unos minutos a los alumnos para que observen la ilustración y ponga la pista 39 del CD dos veces: una para que se familiaricen con el texto y la otra, con pausas después de cada frase, para que localicen a cada personaje. Han de escribir el nombre en su cuaderno, en silencio.
Corrija repitiendo cada frase. Después, como práctica, los alumnos tienen que escribir frases que indiquen el color de algún objeto usado por los alumnos *(cuadernos, mochila, archivador, libros, móvil...).*

Nota: si desea consolidar la ortografía de los nombres de los colores, solicite un voluntario para escribir las frases en la pizarra.

Juega con el verbo *gustar*
Se trata de un fragmento de la canción de Manu Chao interpretada por un chico. Es muy probable que los alumnos ya la conozcan. Póngala dos veces, la primera para que identifiquen la canción, la segunda, con pausas después de cada frase, para que anoten qué le gusta a Manu Chao. Después presente la estructura de la canción y pida a sus alumnos que individualmente o por parejas escriban una canción imitando al original. Como última actividad, si lo desea, pueden escribir la canción de toda la clase y cantarla todos juntos.

Juega con los sonidos
Copie las palabras en la pizarra. Luego, deje que los alumnos las observen y ponga la pista 41 del CD dos veces. La primera sin pausas. Durante la segunda audición, pare la grabación después de cada palabra y pregunte qué sílaba oyen más que las demás. Subráyela en las palabras de la pizarra. Seguidamente llame su atención en la letra final de cada una y ayúdelos a deducir la regla: *Todas estas palabras tienen el acento tónico en la última sílaba* (enséñela). *¿Cuándo no llevan tilde? ¿Cuándo llevan tilde?* Ponga entonces la pista 42 del CD marcando una pausa entre cada palabra para dar tiempo a los alumnos a anotarla. Repítala si es necesario. Corrija del siguiente modo: saque a un voluntario a la pizarra, diga a sus compañeros que le dicten las palabras e indiquen la sílaba tónica, pida al voluntario que copie las palabras usando un color diferente para la última letra, sin poner las tildes y subrayando la sílaba acentuada y, por último, todos juntos deduzcan las tildes necesarias en función de la letra final de cada palabra.

► Acción:

1. Antes de poner la pista 43 del CD, puede proponer a los alumnos que intenten ordenar las actividades de Pablo. La audición servirá entonces para comprobar las respuestas. Después de la corrección, pida a los alumnos que vuelvan a escribir el texto, pero en tercera persona del singular (proporcione los posesivos *su, sus*): *Se llama Pablo. Tiene 12 años y su cumpleaños es en mayo. Su color favorito es el naranja...*

2. Invite a los alumnos a que trabajen de forma individual y silenciosa y comparen luego sus respuestas con las de su compañero de pupitre.

3. Para ayudar a los alumnos, puede plantearles preguntas como:
- *El cumpleaños de Pablo es en mayo. Y tú... ¿tu cumpleaños también es en mayo?*
- *Va al instituto en bici. Y tú... ¿cómo vienes al instituto, en bici, andando, en autobús, en coche?*
- *Le gustan los videojuegos. Y a ti... ¿también te gustan?*
- *Por las tardes no tiene clases. Y tú... ¿tienes clases por la tarde?*

Acción
Ahora los alumnos van a escribir un texto imitando el de Pablo. Esta actividad precisa de quince minutos de preparación. Por tanto, si lo prefiere, puede proponerla como trabajo para casa. Los alumnos deberán redactar un texto cuidando al máximo la presentación: con mayúsculas iniciales, sin tachaduras, con párrafos bien marcados y sin faltas de ortografía ni gramaticales.

► MAGACÍN CULTURAL

Solicite voluntarios para leer el texto de Carlos en voz alta. Después contesten todos juntos a las preguntas de la actividad 1. Forme tres grupos en la clase. Cada grupo debe trabajar sobre uno de los tres textos: leerlos, sacar la información más importante (tal y como se indica en la actividad 2) y presentar los resultados al resto de la clase.

Como final, puede proponer a sus alumnos que contesten a las preguntas de Interculturalidad y escribir un texto como el de Carlos en casa, como deberes de repaso.

Lección 9: Tu familia

▶ Familia no hay más que una

Llame la atención de los alumnos sobre la ilustración diciendo: *Esta es la familia de Sara.* Ponga la pista 45 del CD dos veces, una para que se familiaricen con el texto y otra, con una pausa después de cada frase de Sara, para que localicen en la ilustración a la persona mencionada. Ahora, para que los alumnos entiendan perfectamente el significado de *abuelo, abuela, tío, hermano...* dibuje un árbol genealógico muy sencillo en la pizarra y explique el parentesco entre cada persona.

Finalmente, solicite voluntarios para leer el diálogo de forma expresiva.

Explique el recuadro sobre los apellidos. Para ello, dibuje (de forma muy esquemática) a un hombre y a una mujer y, debajo, escriba su nombre, por ejemplo: *Juan Moreno Palacios, Marta López Castilla.* Dibuje a su hijo y anote sus nombres destacando de quién proviene cada apellido: *Juan y Marta tienen un hijo, se llama Manuel Moreno (el primer apellido de su padre) López (el primer apellido de su madre).* Seguidamente pregunte (anote también los nombres en la pizarra): *Marcos Pérez Rubio y Alicia Montero Casas tienen una hija, se llama Paula. ¿Cómo se apellida? [Paula Pérez Montero].* Pida a los alumnos que completen los nombres y los apellidos del árbol genealógico de la familia de Sara. Si resulta necesario, ayúdeles con la abuela [Amelia Gómez Albar] y con el padre, pregunte: *José es el hijo de Víctor Gil Torrealta y Amelia Gómez Albar, ¿cómo se apellida?*

Lea cada frase y diga a los alumnos que contesten por escrito en su cuaderno. Luego, solicite voluntarios para leer las respuestas y anime a la clase a que corrija las frases falsas. Finalmente, invite a los alumnos a escribir frases, imitando las del ejercicio.

▶ Mi padre y mi madre

Haga notar a los alumnos que solo las formas correspondientes a *nosotros / vosotros* son diferentes en masculino y femenino *(nuestro/s, nuestra/s; vuestro/s, vuestra/s).* Luego, deje que completen las frases, recuérdeles que han de tratar de *usted / ustedes* a los adultos y de *tú / vosotros* a los chicos y adolescentes.

▶ La abuela cumple cien años

Diga primero a los alumnos que observen los números en letras y cifras (43, 35, 64, 31, 38, 72) y pronúncielos haciendo que los repitan varias veces. Luego, dígales que copien en su cuaderno el nombre de cada persona, en columna *(su abuela, su abuelo, su padre, su madre, su tío, su tía).* Ponga la pista 46 del CD dos veces, una para que se familiaricen con el texto y otra para que relacionen a cada persona con su edad.

Explique la formación de los números haciendo especial hincapié en el uso de *y, uno > un / una.* Escriba en la pizarra: *41 chicos, 41 chicas, 61 años, 71 alumnas, 91 kilómetros, 91 personas* y pregunte a los alumnos cómo se dice cada número. Ponga la pista 47 del CD y pida a los alumnos que escriban los números que oyen en cifras y luego en letras, después de la audición. Para asegurarse de la corrección ortográfica, corrija la actividad solicitando un voluntario para copiar los números en letras en la pizarra.

Demuestre la actividad con los ejemplos del libro. Luego, anime a un alumno a decirle un número y anótelo en la pizarra. Debajo, dibuje una flecha de derecha a izquierda para que los alumnos indiquen el número al revés. Siga los mismos pasos con otros dos alumnos, luego, continúe, pero sin anotar los números en la pizarra.

Lección 10: ¿Cómo son?

Mi tío es alto

Inicie la actividad explicando las palabras de la lista y describiendo el cabello de algunos alumnos. Luego, invite a los alumnos a que copien las frases en su cuaderno, dejando un espacio en blanco para las palabras que faltan. Realice dos audiciones, una para que los alumnos se familiaricen con el texto (mientras lo leen en su libro) y otra, con una pausa después de cada descripción, para darles tiempo a completar las frases. Corrija solicitando voluntarios para leer las descripciones en voz alta.

Anime a un voluntario a leer las frases del recuadro. Repítalas haciendo especial hincapié en los verbos usados en cada caso: *es, tiene, lleva.* Seguidamente, descríbase a sí mismo. Indique solo su estatura y evite los adjetivos *gordo/a, delgado/a,* ya que pueden resultar molestos para algunos alumnos. Pida a los alumnos que redacten su descripción en un folio y circule por el aula para comprobar las producciones. Puede corregir el ejercicio de dos maneras: los alumnos que lo deseen leen su descripción a la clase o bien recoja los folios, elija uno al azar y léalo, la clase ha de indicar de quién se trata.

Los nombres de mis amigos

Proponga a los alumnos que trabajen por parejas y luego comparen sus respuestas con las de otro grupo.

Presente la actividad a modo de concurso: ponga la pista 49 del CD, gana el alumno que primero identifique a la persona descrita. Esta actividad le servirá de preparación a la siguiente, en que los alumnos practicarán la descripción con los cinco personajes hispanos famosos.

Por último, para realizar una practica muy auténtica y comunicativa, introduzca el vocabulario del recuadro nombrando personajes famosos de su país o extranjeros. Luego, ejemplifique el juego: piense en un personaje que conozcan los alumnos y motive a estos a hacerle preguntas como las del libro. A continuación, saque voluntarios a la pizarra para sustituirle.

¡A divertirse!

Juega con las personas

Antes de poner la pista 50 del CD, dé unos minutos a los alumnos para que observen la ilustración. Luego, si lo desea y para preparar el ejercicio, plantee preguntas enseñando a un personaje: *¿Cómo es? ¿Qué hace? ¿Qué le gusta?* Realice dos audiciones, la primera, sin pausas, para que los alumnos se familiaricen con el texto y la segunda, parando el CD después de la presentación de cada persona, para que los alumnos anoten los números correspondientes en su cuaderno. Corrija leyendo en voz alta cada frase para que los alumnos indiquen el número de la persona. Como ejercicio de consolidación, puede leer dos o tres descripciones a modo de dictado.

Presente las expresiones *más que / menos que.* Ponga la pista 51 dos veces, una para que los alumnos descubran el texto y otra, con las pausas necesarias, para que lo copien en su cuaderno. A continuación, pídales que calculen todas las edades y las anoten en cifras y letras. Solicite un voluntario para escribir las respuestas en la pizarra, en letras.

Juega con los sonidos

Copie las palabras en la pizarra. Luego, deje que los alumnos las observen y ponga la pista 52 del CD dos veces, la primera sin pausas y la segunda con pausas después de cada palabra. Pregunte qué sílaba oyen más que las demás, subráyela en las palabras de la pizarra y, seguidamente, ayúdelos a deducir la regla: todas estas palabras tienen el acento tónico en la antepenúltima sílaba (enséñela) y todas llevan tilde en la vocal de la sílaba acentuada.

Presente entonces la siguiente actividad a modo de concurso: el alumno que más palabras encuentre en un tiempo máximo de cinco minutos, gana. Posibles palabras: *última, sílaba, tónica, sábado, número, diálogo, miércoles, república, Mé-*

xico, (educación) plástica, genealógico, Verónica, exámenes, gráfica, lápices, América, Bélgica... Saque a la pizarra a varios voluntarios para escribir las palabras de sus compañeros.

▶ Acción:

Haga preguntas a sus estudiantes sobre cómo se llama su padre o su madre. Después preséntales la actividad completa. Como en el módulo ya han trabajado con un árbol genealógico, podrán hacerlo sin dificultades. Pídales que preparen el árbol genealógico y que escriban el texto en casa, como deberes. Al día siguiente, si es posible, que lleven una foto de su familia. Esto es un elemento altamente motivador. En parejas, uno describe al otro a su familia y viceversa, y encuentran los puntos en común. Por último, describen qué es lo que tiene en común a toda la clase. Si le parece oportuno, recoja las fotos y los textos y, después de corregirlos, péguelos en algún lugar de la clase, para que todos puedan ver la descripción de cada familia y, si la clase está motivada, pueda hacer cada uno una presentación de su familia.

▶ MAGACÍN CULTURAL

Lea el texto de Lorena en voz alta. Solicite voluntarios para leer el texto de forma expresiva.
Repasen todos juntos el uso de los dos apellidos en español e invite a los alumnos a indicar los suyos, como los españoles, para ayudarles, plantéeles preguntas como:
- ¿Cómo se llama tu padre?
- ¿Cómo se llama tu madre?
- Ahora, imagina que eres español, ¿cómo te llamas tú?

Con los apellidos españoles, diga dos nombres al azar, usando dos apellidos del recuadro, por ejemplo: *María Rubio Aranda, José Puente Pescador.* Seguidamente, motive a los alumnos para que formen otros.

Después lean juntos la redacción sobre la familia y en parejas relacionan las actividades con las fechas.

Pídales que redacten en casa un texto sobre su familia, similar a los de Lorena, como deberes. Insístales en que deben contestar a todas las preguntas de Interculturalidad en su redacción.

Módulo 6: Imagina tu habitación ideal

Lección 11: ¿Dónde vives?

Calle Arenal, número 12

Antes de escuchar el CD, lea con sus alumnos la invitación y hágales preguntas, como *¿Dónde vive Alicia? ¿En qué piso?* Después ponga la pista 54 dos veces, la primera para familiarizarse con el diálogo, la segunda para localizar las habitaciones.

Deje que los alumnos observen la casa de Alicia y copien en su cuaderno el nombre de cada habitación y elemento de la casa para ayudar a su memorización. A continuación, llame su atención sobre el recuadro "Expresar existencia" haciendo hincapié en el uso de *hay* con los artículos indeterminados y los numerales. Lea cada frase y dígales que contesten por escrito. Corrija pidiéndoles que rectifiquen las frases falsas.

Se usa para...

Este ejercicio le permitirá hacer un repaso de los verbos y expresiones introducidos hasta ahora. Anime a los alumnos a que redacten al menos diez frases. Si observa dificultades, sugiérales que consulten las lecciones de los módulos anteriores.

¿Cómo es tu casa?

Dé unos minutos a los alumnos para que preparen su descripción por escrito y pase por las mesas para solucionar dudas. Después, solicite voluntarios para presentar su casa o piso a sus compañeros.

Vivo en Madrid, C/ Mayor, 5. 4º dcha.

Escriba en la pizarra el título de esta lección y léalo en voz alta. Después lea las otras placas de nombres de las calles. Entonces deje a sus alumnos que relacionen las palabras con las siglas. Para corregir, vuelva a leer los nombres de las calles en las placas y sus alumnos tiene que poner la dirección en siglas en papeles grandes que muestran a toda la clase.

Revise con sus alumnos el cuadro de Ordinales y, para afianzar, dícteles algunos números, como *primero, quinto, cuarto, tercero* y *noveno.* Después pida voluntarios que lean las direcciones en los sobres. Ponga la pista 55 para que marquen las dos direcciones que oyen. Por último pida a cada estudiante que escriba una dirección en un papel, que la muestre a la clase y que la diga en voz alta: sus estudiantes tienen que escribirla en su cuaderno.

¿Dónde vives?

Cada estudiante piensa en una dirección y la escribe. Se la indica a su compañero y este marca en el plano dónde vive.

Lección 12: Mi habitación

Amuebla la casa a tu gusto

Lea con sus estudiantes los nombres de los muebles. Después, cada estudiante decide qué muebles hay en cada habitación. Repase con ellos el cuadro de expresar la existencia de la página 72. Entonces cada estudiante le dicta sus frases a su compañero y este sitúa los muebles en el plano.

¿Qué hay y dónde está?

Explique los usos de *hay* y *está(n)* y, para afianzar la comprensión, pida a los alumnos que completen la siguiente tabla.

HAY se usa con	*ESTÁ* se usa con	*ESTÁN* se usa con

Luego, deje que los alumnos trabajen de forma individual y comparen sus respuestas con las de su compañero de pupitre. A continuación, corrija pidiéndoles que justifiquen el uso de cada verbo.

Para que todos (especialmente los alumnos menos avanzados) puedan participar de forma activa en la actividad, dé unos minutos a los alumnos para que escriban las frases en su cuaderno. Luego, haga que cada uno proponga al menos dos frases (aunque repita la de un compañero), pues lo importante aquí es que los alumnos oigan el máximo número de frases con las dos estructuras para una máxima consolidación.

¡Qué desastre!

Antes de escuchar el CD, revise con sus estudiantes las cinco imágenes que indican el lugar. Después pida voluntarios que describan la habitación de Alicia. A continuación ponga dos veces la pista 56, la primera para marcar los objetos de los que habla, la segunda para situarlos. Pida un voluntario para que haga una lectura dramatizada. Entonces, por parejas, marcan verdadero o falso.

Debajo de, encima de...

Antes de dejar que los alumnos trabajen, haga con ellos un repaso de todo el vocabulario necesario. Para ello, señale elementos de la ilustración preguntando: *¿Qué es?*
Los elementos son:
- *la habitación, el baño, el salón, la cocina.*
- *la tele, el sofá, el reloj, la mesita, la cama, el ordenador, el armario.*

Como actividad de consolidación, anime a los alumnos a que, para la siguiente clase, copien todas las diferencias en su cuaderno, clasificando las frases en una tabla.

HAY	ESTÁ / ESTÁN

▶ ¡A divertirse!

Juega con las habitaciones y los muebles
Pida a los alumnos que observen detenidamente la ilustración y plantee algunas preguntas sencillas, por ejemplo:
- *¿Cuántas personas viven en la casa? ¿Quiénes son?*
- *¿Qué habitaciones tiene la casa?*
- *¿Qué hay en el salón?*
- *¿Quién navega por Internet?*
- *¿Podéis nombrar 8 muebles de esta casa?*
Ponga la pista 57 dos veces, una para que los alumnos se familiaricen con el texto (pregúnteles a qué personajes han identificado) y otra, con una pausa después de cada persona mencionada, para que los alumnos indiquen el número correspondiente o comprueben su respuesta dada después de la primera audición.

Para trabajar con la sopa de letras, diga a los alumnos que trabajen individualmente. Luego, para consolidar los ordinales, plantee preguntas como:

- *¿Hay palabras en la **primera** fila? ¿Y en la **segunda**?* Y así sucesivamente.
- *¿Hay palabras en la **primera** columna? ¿Y en la **segunda**?* Y así sucesivamente.

Seguidamente, para cada objeto pregunte (alternando el uso de *hay* y *está*):

- *¿En qué habitación **hay una** alfombra?* o *¿ En qué habitación **está** la alfombra?*
- *¿En qué habitación **hay una** silla?* o *¿ En qué habitación **está** la silla?*

Anime a los alumnos a que "escondan" quince palabras en su sopa de letras. También puede proponer esta actividad como trabajo para casa para el principio de la clase siguiente.

Juega con los objetos

Para que el ejercicio resulte más divertido, sugiera a los alumnos que escriban el nombre de cada objeto del aula en un *post-it* y peguen este sobre el objeto.

Posibles objetos y elementos del aula: *la puerta, la ventana, el póster, la mesa del profesor, el pupitre de [nombre de algún alumno], la pizarra, la papelera, la estantería, la tele, el reproductor de CD, el CD, el diccionario,* y el vocabulario del módulo 2.

Juega con los sonidos

Copie las palabras en la pizarra. Saque a un voluntario para subrayar la sílaba tónica de cada una. Seguidamente pregunte:

- *¿Las palabras con el acento en la antepenúltima sílaba llevan tilde?*
- *¿Cuándo llevan tilde las palabras con el acento en la penúltima sílaba?*
- *¿Cuándo llevan tilde las palabras con el acento en la última sílaba?*

Todos juntos ayuden al alumno de la pizarra a añadir las tildes que faltan.

Pida a los alumnos que reproduzcan la siguiente tabla en su cuaderno.

XX XX XX	XX **XX** XX	XX XX **XX**

Ponga la pista 58 del CD marcando una pausa entre cada palabra para dar tiempo a los alumnos a clasificarlas. Corrija sacando a un voluntario a la pizarra para copiarlas. Sus compañeros se las dictarán.

▶ Acción:

Explique a sus alumnos la actividad: tienen que diseñar y describir su habitación ideal. Mande como deberes para casa que redacten el texto de la descripción. Al día siguiente, en clase, cada estudiante le describirá a su compañero su habitación ideal. Este tiene que dibujarla. Recoja todos los dibujos y póngalos desordenados en un lugar visible. Cada estudiante lee su descripción y los demás compañeros tienen que decir a qué dibujo corresponde.

► MAGACÍN CULTURAL

1. Con los libros cerrados, plantee la pregunta 1 a todos los alumnos. Resultará divertido identificar el lugar preferido de la clase para vivir. Después lea en voz alta el texto de Marta con los libros cerrados. Pregúnteles simplemente qué han retenido, deberán contestar a estas preguntas, de memoria y por parejas:

- *¿Cómo se llama?*
- *¿Dónde vive?* (ciudad)
- *¿Dónde vive?* (casa o piso)
- *¿Dónde vive su abuela?* (ciudad y tipo de vivienda)
- *¿Qué hace en agosto?*

Seguidamente, se realiza la lectura individualmente. Pida a los alumnos que respondan por parejas, usando sus apuntes anteriores.

2. Antes de leer el texto, observe con sus alumnos las fotos y hágales preguntas para describirlas. Esto le ayudará a introducir el vocabulario. Después pídales que lean individualmente el texto y pregúnteles cuál creen que es el salón más frecuente en España y por qué.

Interculturalidad

Proponga a los alumnos trabajar de forma oral y en gran grupo. Por último, pídales que escriban un texto como el de Marta.

Lección 1: ¡Hola!

Rodea en la cadena de palabras:

- 4 formas del verbo *llamarse.*
- 3 expresiones para saludar.
- 5 pronombres personales sujeto.
- 6 nombres españoles.
- 7 verbos de la lección.

llamamosvosotrosCarlostellamasrelacionabuenastardestúllamasellasselláinagineetitesseellamoholapracticajuliaimagineelatssellaseobservaJosémellamoholapracticaJuliaimaginaelatsseobservaSarabuenosdíasLolayoleobeescuchaste

Lección 2: Los países

1. Completa los nombres de los países.
   Usa flechas, como en el modelo.

| LE | PA | TE | BÉL | CIA | IN | LIA | CA | POR | NIA |

FRAN.....   ITA.....   A....MA.....   .....GLA.....RRA   ES.....ÑA   .....GI.....   .....TUGAL

.....CIA   SUI.....   .....LOM...   .....GENTI.....   .....RRUE.....   .....SIL   .....NA.....

| CO | NA | MA | CA | GRE | BRA | AR | ZA | DÁ | COS | BIA |

2. Completa las nacionalidades.
   Luego, escribe los femeninos.

| -és | -ano | -ense | -eno | -eño | -ino | -án | -a | -o |

1 mexic.....	8 argent.....	15 grieg.....
2 franc.....	9 belg.....	16 peru.....
3 venezol.....	10 dan.....	17 brasil.....
4 estadounid.....	11 austriac.....	18 itali.....
5 suiz.....	12 colombi.....	19 holand.....
6 ingl.....	13 alem.....	20 cub.....
7 chil.....	14 bolivi.....	21 canadi.....

1	8	15
2	9	16
3	10	17
4	11	18
5	12	19
6	13	20
7	14	21

1. Une con una flecha y escribe, con los artículos (*el, la, las, los*), el nombre de 12 objetos de los alumnos y personas.

mo	chi	che
cua	tula	dor
calcu	pun	tas
pro	gamen	sora
bolí	gra	no
ar	chi	ras
ti	je	vador
ro	der	fo
es	pi	ces
saca	tu	la
lá	la	dora
pe	fe	to

....

....

....

2. Ahora dibuja.

una regla

un libro

un lápiz

una goma

3. Ordena las formas del verbo *tener*: yo = 1 , tú = 2, él = 3, nosotros = 4, vosotros = 5, ellos = 6

- ☐ tiene
- ☐ tienen
- ☐ tenéis
- ☐ tengo
- ☐ tenemos
- ☐ tienes

Lección 4: ¡Feliz cumpleaños!

FICHA FOTOCOPIABLE

1. Completa la serie.

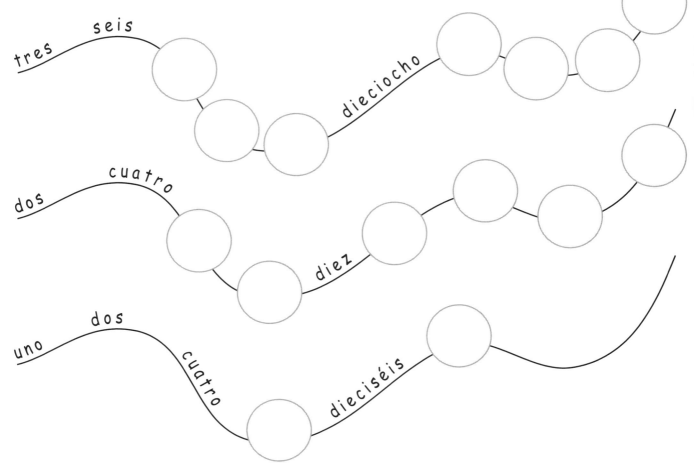

tres   seis   dieciocho

dos   cuatro   diez

uno   dos   cuatro   dieciséis

2. Escribe las vocales. Luego, clasifica las palabras.

l__n__s   __br__l   v__r__n__

j__ __v__s   v__ __ __n__s   s__b__d__

d__m__ng__   __n__r__   f__br__r__

m__rz__   m__rt__s   m__y__

j__n__ __   j__l__ __   __g__st__

s__pt__ __mbr__   __ct__br__   n__v__ __mbr__

d__c__ __mbr__   pr__m__v__r__   m__ __rc__l__s

__nv__ __rn__   __t__ñ__

MESES	DÍAS	ESTACIONES

1. Rodea diez verbos de la lección 5 (en infinitivo) en la sopa de letras.

```
A B D I B U J A R
C H R E P A S A R
D A D E F G H I A
E C J K L M B Ñ P
S E S C U C H A R
C R O P Q L R S E
R T T E N E R U N
I V W X Y E Z A D
B B C D E R F G E
I E S C R I B I R
R E S P O N D E R
```

2. Clasifica las palabras en la tabla.

LEER	TO READ
APRENDER	TO LEARN
ESCRIBIR	TO WRITE
ESCUCHAR	TO LISTEN
REPASAR	TO REVIEW
RESPONDER	TO ANSWER
HACER	(TO TAKE)/TO DO /TO MAKE
TENER	TO HAVE
HABLAR	TO SPEAK /TO TALK
DIBUJAR	TO DRAW
DESCRIBIR	TO DESCRIBE

a la profesora
una poesía (4)
un texto (4)
al profesor
los verbos (2)
un ejercicio
un CD (2)
con los compañeros
un examen
una foto
con el profesor
un mapa
un diálogo (4)
con la profesora
a una pregunta

(2) = en dos columnas. (3) = en tres columnas, etc.

Lección 6: Tus clases

1. Dibuja las agujas.

Son las tres y media.   Es la una menos cuarto.   Son las dos y cinco.   Son las ocho y veinte.

Son las once menos veinticinco.   Son las cuatro y cuarto.   Son las doce en punto.

Es la una y diez.   Son las siete y veinticinco.   Son las cinco menos cinco.   Son las tres menos diez.

2. Rodea las asignaturas. Luego, relaciona cada asignatura con una ilustración.

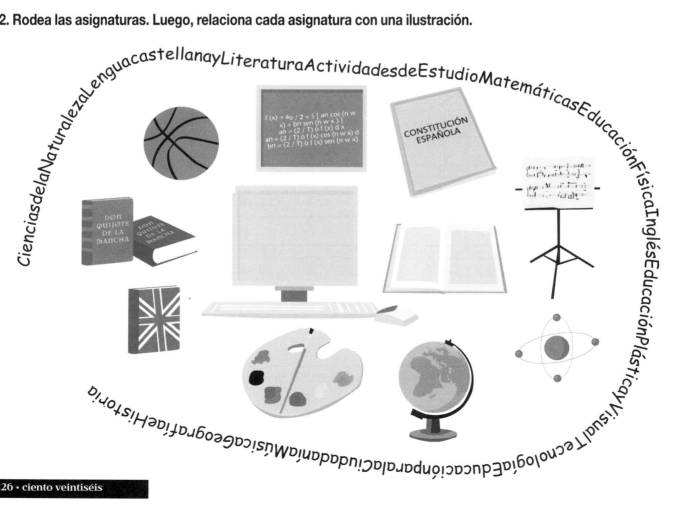

Lección 7: Un día normal

1. ¿Qué forma es? Escribe los números: 1 = yo, 2 = tú, 3 = él, 4 = nosotros, 5 = vosotros, 6 = ellos.

te llamas	tengo	dibujamos	escribís	responden
se levantan	tomáis	desayunas	conjugo	soy
salgo	lees	entran	hablamos	comes
comemos	tomamos	tomo	salís	aprendéis
hacen	voy	cenas	describo	cenáis
coméis	aprendemos	sois	entramos	tenéis
vas	se duchan	cenamos	conjugáis	van

2. Escribe las respuestas. (A mí también. A mí tampoco. A mí sí. A mí no.)

Me gustan las Ciencias.   ☺ ....

Me gusta leer.   ☹ ....

No me gusta dibujar.   ☹ ....

No me gustan las Matemáticas.   ☺ ....

Me gusta el deporte.   ☹ ....

Me gustan las vacaciones.   ☺ ....

No me gusta la poesía.   ☹ ....

No me gusta la Tecnología.   ☺ ....

Lección 8: ¿De qué color es?

1. ¿Qué color es? Colorea los círculos.

Rojo + Blanco

◯ + ◯ = ◯

Negro + Blanco

◯ + ◯ = ◯

Azul + Amarillo

◯ + ◯ = ◯

Rojo + Azul

◯ + ◯ = ◯

Rojo + Amarillo

◯ + ◯ = ◯

2. Lee las frases y colorea el mapa.

Dibuja los ríos de azul.
Escribe el nombre de la capital en rojo.
Dibuja las fronteras de marrón.
Escribe el nombre de los mares y del océano en verde.
Escribe el nombre de los países (que tienen frontera con España) en violeta.
Colorea las Canarias de amarillo y las Baleares, de naranja.

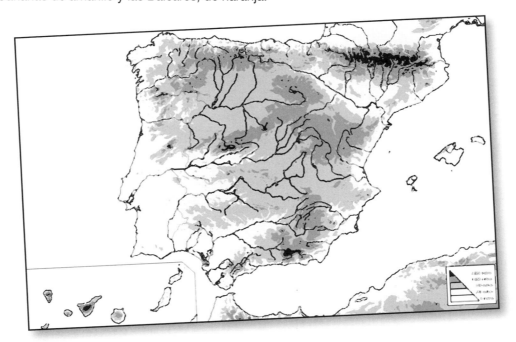

Lección 9: Tu familia

1. Lee el texto y dibuja el árbol genealógico.

Hola, me llamo Pedro y tengo un hermano (José) y una hermana (Lucía). Mi madre se llama María y mi padre, Marcos. Mi madre tiene una hermana, se llama Carlota. Mi padre tiene dos hermanos: Luis y Antonio. La mujer de Antonio, mi tía, se llama Andrea. Tengo dos primos, los hijos de Antonio y Andrea, se llaman Fran y Lucas. Los padres de mi padre se llaman Félix y Carmela. Mis abuelos maternos, los padres de mi madre, se llaman Emilio y Josefa.

2. Relaciona y completa los números con letras.

treinta y ....
.... y ocho
cuarenta y ....
...................séis
ochenta y ....
.... y cuatro
setenta y ....

85 98 72 37

43 64 26

Lección 10: ¿Cómo son?

Lee las descripciones y dibuja a José y a su hermana Marta.

Es un poco gorda

Es rubio con el pelo corto y rizado

El hermano de Marta lleva gafas

Es delgado

Es morena

Es baja

Tiene el pelo largo

Su pelo es rizado

Los dos tienen los ojos marrones

Es alto

Lección 11: ¿Dónde vives?

Escribe los nombres en los recuadros.
Une con una flecha cada verbo a una habitación de la casa.

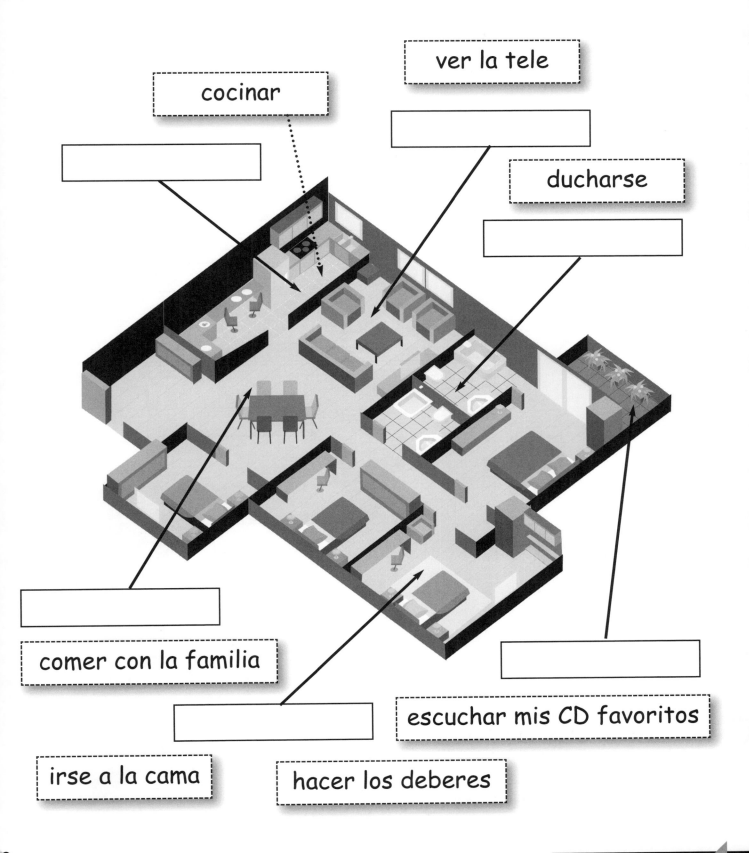

ver la tele

cocinar

ducharse

comer con la familia

escuchar mis CD favoritos

irse a la cama

hacer los deberes

Lección 12: Mi habitación

Escribe los nombres. Luego relaciona cada mueble u objeto con una habitación de la casa.

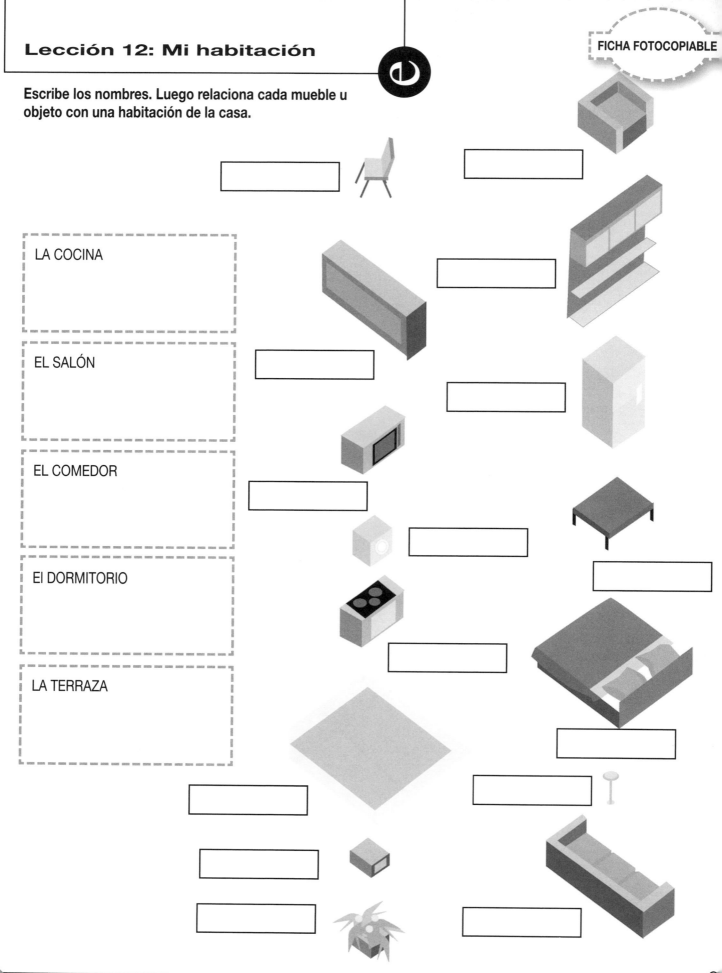

LA COCINA

EL SALÓN

EL COMEDOR

El DORMITORIO

LA TERRAZA

Prueba 1: módulos 1, 2 y 3

Nombre: ....

Clase: ....

Fecha: ....

1. Lee y responde a las preguntas con verdadero (V) o falso (F).

Hola, me llamo Rosario. Soy española y vivo en Toledo. En mi clase tengo cuatro amigos: Raúl, Andrés, Alicia y Belén. Tengo trece años. Hoy, catorce de octubre, es mi cumpleaños. Mis regalos de cumpleaños son un juego para el ordenador, un CD de Alejandro Sanz y sellos de Francia y Alemania para mi colección.

	V	F
1. Es argentina y vive en Rosario.	☐	☐
2. Tiene 3 amigos en su clase.	☐	☐
3. Su cumpleaños es el 26 de octubre.	☐	☐
4. Tiene 12 años.	☐	☐
5. Su familia vive en Alemania.	☐	☐

2. Contesta a estas preguntas.

1. ¿Cómo te llamas? ....

2. ¿De dónde eres? ....

3. ¿Cuántos años tienes? ....

4. ¿Cuándo es tu cumpleaños? ....

5. ¿Cuándo tienes clase de español? ....

3. Escucha y relaciona los objetos con los colores.

(Pista 44)

1. Archivadores	**a.** Amarillos
2. Cuadernos	**b.** Azul
3. Estuche	**c.** Blanca
4. Goma	**d.** Grises
5. Lápices	**e.** Naranjas
6. Libros	**f.** Negro
7. Mochila	**g.** Rojos
8. Móvil	**h.** Rosa
9. Regla	**i.** Rosa
10. Rotulador	**j.** Verde
11. Sacapuntas	**k.** Violetas

4. Observa la imagen y escribe cinco cosas que tiene Pedro.

....

....

....

....

....

5. Completa el texto con las palabras siguientes en la forma correcta.

cantar – favorito – hablar – ir – llamar – navegar – ser – sobresaliente – tener – tocar – vivir

*Hola, buenos días. Me .... José y .... 13 años. .... en Mé-
rida, en Extremadura. Mi cumpleaños .... el 19 de diciembre. .... al instituto
Miguel de Cervantes, a primero de ESO. Mis asignaturas .... son la Música, porque nosotros
.... la guitarra y .... canciones, y la Tecnología, porque ....
por Internet. En el instituto tenemos clases de idiomas. Yo .... inglés y francés. Soy buen estudiante, siempre saco notables y ....*

6. Elige la opción correcta.

1. Y tú, ¿cómo *te llamas / se llama*?
2. ¿Cómo *se llama / llaman* tu profesor de español?
3. ¿Dónde *vives / vivís* vosotros?
4. ¿Cuándo *es / son* tu cumpleaños?
5. ¿Cuántas clases de español *tienes / tenéis* vosotros?

7. Pon el artículo en estas palabras.

1. .... rotulador
2. .... archivador
3. .... goma
4. .... tijeras
5. .... cuaderno
6. .... lápiz

8. Escribe una frase con cada verbo y la persona indicada.

1. aprender (yo) ....
2. leer (nosotros) ....
3. describir (él) ....
4. escuchar (vosotros) ....
5. hacer (ellos) ....

9. Escribe qué hora es.

10. Escribe un texto y preséntate.

....
....
....

Prueba 2: módulos 4, 5 y 6

Nombre: ....

Clase: ....

Fecha: ....

1. Lee y responde a las preguntas.

Yo tengo dos hermanos, Mateo y Lucas. Mateo tiene diez años. Es alto y delgado. Es rubio y tiene el pelo rizado. Lucas es más pequeño, tiene ocho años. Es un poco gordo y bajo. Es moreno. Mateo y Lucas tienen los ojos marrones.

1. ¿Cuántos años tiene Mateo? ....
2. ¿Y Lucas? ....
3. ¿Quién es rubio? ....
4. ¿Cómo es Mateo? ....
5. Lucas tiene los ojos marrones. ¿Y Mateo? ....

2. Contesta a estas preguntas.

1. ¿Cómo eres? ....
2. ¿Cuántos hermanos tienes? ....
3. ¿Qué día es hoy? ....
4. ¿Qué asignaturas te gustan más? ....
5. ¿Dónde vives? ....

3. Escucha y responde con verdadero (V) o falso (F).

(Pista 53)

	V	F
1. Lola es rubia y tiene el pelo corto.	☐	☐
2. Marta es morena y tiene el pelo largo.	☐	☐
3. Rafa es alto y muy moreno.	☐	☐
4. Julián es rubio, alto y lleva el pelo largo.	☐	☐
5. Marta, Rafa, Julián y Lola son los amigos de Juan.	☐	☐

4. Observa la imagen, describe cinco muebles y di dónde están.

....
....
....
....
....
....

5. Completa el texto con las palabras siguientes en la forma correcta.

> alquilar – cenar – comer – comprar – estar – gustar – ir – levantar – pasar – pasear – practicar – ver

> *Mi familia y yo .... las vacaciones en la playa. .... un piso y ....*
> *allí un mes. Me .... mucho la playa, el mar, nadar. Por la mañana nos ....*
> *pronto y vamos al puerto. Mi madre .... pescado fresco. Después nos vamos a la playa. Allí*
> *nadamos, pescamos o .... algún deporte. .... un poco tarde, a las tres, y*
> *descansamos un poco en casa. Hace mucho calor por la tarde. Después .... por los pueblos*
> *y compramos en los mercados. Muchos días .... en restaurantes del puerto. En casa,*
> *........................... la tele y nos .... a la cama un poco tarde.*

6. Elige la opción correcta.

1. Un libro *rojo / roja.*
2. Una regla *marrón / marrones.*
3. Un estuche *blanco / blanca.*

4. Tres lápices *azul / azules.*
5. Dos rotuladores *negros / negras.*

7. Pon el posesivo adecuado.

1. .... abuelo (Alberto y yo)
2. .... padres (yo)
3. .... tías (vosotros)

4. .... hermana (tú)
5. .... primos (ellas)
6. .... mujer (él)

8. Escribe una frase con un posesivo en la persona indicada.

1. Padre (yo) – 43 años   ....
2. Abuelos (nosotros) – 71 años ....
3. Primo (él) – 35 años   ....
4. Tías (vosotros) – 50 años   ....
5. Hermanas (ellos) – 17 años   ....

9. Ordena las palabras y escribe la dirección.

> 35 – 3.º – 40100 – B – Calle – Martínez Gil – Mayor – Pedro – Segovia

10. Escribe un texto para describirte a ti mismo y hablar de tus acciones habituales.

....
....
....

Cuaderno de ejercicios

Nivel 1

A1

María Ángeles Palomino

edelsa
GRUPO DIDASCALIA, S.A.

1 · uno

Este **Cuaderno de ejercicios** es un complemento del Libro del alumno en el que presentamos actividades de refuerzo de los contenidos estudiados, así como una oportunidad de reforzar las destrezas desarrolladas en ejercicios cerrados y controlados para garantizar un mayor aprovechamiento del curso.

Estructura:

Siguiendo la progresión marcada en el Libro del alumno, este Cuaderno de ejercicios está constituido también en seis módulos que siguen la misma progresión de contenidos:

- Una doble página por cada **lección** con ejercicios sobre los contenidos funcionales, léxicos y gramaticales de la correspondiente lección del Libro del alumno.
- Una doble página, **Pasatiempos**, de actividades lúdicas y de refuerzo para aprender divirtiéndose.
- Una doble página, **Repasa tu gramática**, de ejercicios de sistematización, refuerzo y práctica de los contenidos de la competencia gramatical y de la competencia fonética y ortográfica presentes en el Libro del alumno. Estos ejercicios parten de actividades de reconocimiento y continúan con actividades de producción guiada y controlada.

Al final del libro se presentan las transcripciones del CD Audio para que el estudiante pueda comprobar el éxito de sus actividades.

El **Cuaderno de ejercicios** está diseñado para poder realizar las actividades en autonomía, como deberes en casa o como refuerzo individual, y es también un complemento de clase, que ofrece la oportunidad de reforzar la adquisición de los contenidos en la propia aula.

Los números

»a **Completa la serie.**

uno · dos · tres · cuatro · cinco · seis · siete · ocho · nueve · diez · once · doce · trece · catorce · quince

Saludos y despedidas

»a **Escucha y escribe las frases en la ilustración.**

60/1

¡Buenas tardes!

16:00

1.

¡Adiós, hasta luego!

2.

¡Buenas noches!

3.

¡Hola, buenos días!

4.

¿Cómo te llamas?

»a **Escribe las formas del verbo.**

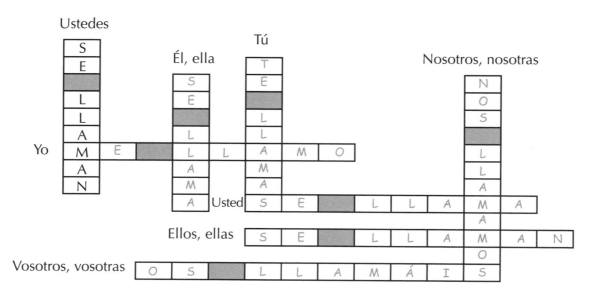

Ustedes

| S |
| E |
| |
| L |
| L |
| A |
| M |
| A |
| N |

Él, ella

| S |
| E |
| |
| L |
| L |
| A |
| M |
| A |

Tú

| T |
| E |
| |
| L |
| L |
| A |
| M |
| A |

Nosotros, nosotras

| N |
| O |
| S |
| |
| L |
| L |
| A |
| M |
| A |
| O |
| S |

Yo: M E ... LL A M O

Usted: S E ... LL A M A

Ellos, ellas: S E ... LL A M A N

Vosotros, vosotras: O S ... LL A M Á I S

Seis chicos se conocen

»a **Colorea seis nombres de ciudades españolas. Luego, sitúa las ciudades en el mapa.**

TRES**ZARAGOZA**CUATRO**MADRID**OCHO**SEVILLA**DOS**VALLADOLID**MIL**SANTANDER**NUEVE**CÁDIZ**

SANTANDER

VALLADOLID · · · · · · ·

ZARAGOZA · · · · · · ·

MADRID · · · · · · ·

SEVILLA · · · · · · ·

CADIZ · · · · · · ·

»b **Completa los diálogos con las formas del verbo _llamarse_ y los nombres de los chicos y de las ciudades. Fíjate en el número de letras.**

| Eva | Celia | Natalia | / | Alejandro | Hugo | David |

Chica 1: Hola. ¿Cómo os .... _llamáis_ ....?
Chico: Yo me .... _llamo_ .... H U G O y soy de C Á D I Z
y ella se .... _llama_ .... E V A .
Chica 2: Y tú, ¿cómo te .... _llamas_ ....?
Chica 1: C E L I A y soy de V A L L A D O L I D .
Chica 2: Y yo, de M A D R I D .

Chica: Hola, me .... _llamo_ .... N A T A L I A , vivo en Z A R A G O Z A .
Chico 1: Yo me .... _llamo_ .... D A V I D y soy de S A N T A N D E R .
Chica: Y tú, ¿cómo te .... _llamas_ ....?
Chico 2: A L E J A N D R O , y vivo en S E V I L L A .

▶ Los nombres | de los países

»a **Observa el mapa y escribe los nombres en el crucigrama.**

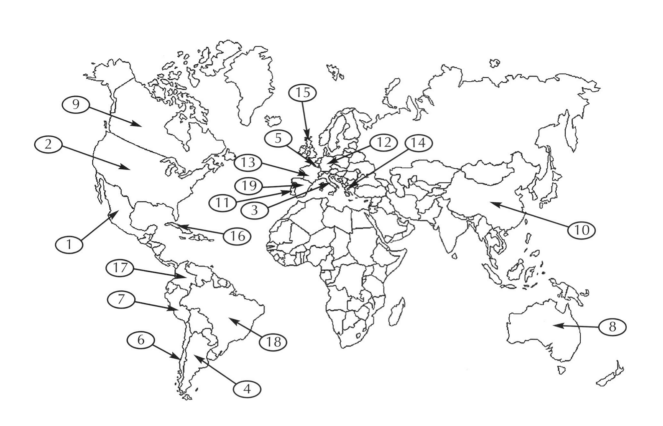

17 C O L O M B I A

1 M É X I C O

11 P O R T U G A L
12 A L E M A N I A
13 F R A N C I A
16 C U B A
10 C H I N A
2 E S T A D O S U N I D O S
19 E S P A Ñ A
3 I T A L I A
4 A R G E N T I N A
15 I N G L A T E R R A
18 B R A S I L
14 G R E C I A
5 B É L G I C A
6 C H I L E
7 P E R Ú
8 A U S T R A L I A
9 C A N A D Á

Los *ciberamigos* de Elena

»a Escucha y escribe el nombre de los doce países. Después escribe la nacionalidad de los *ciberamigos*.

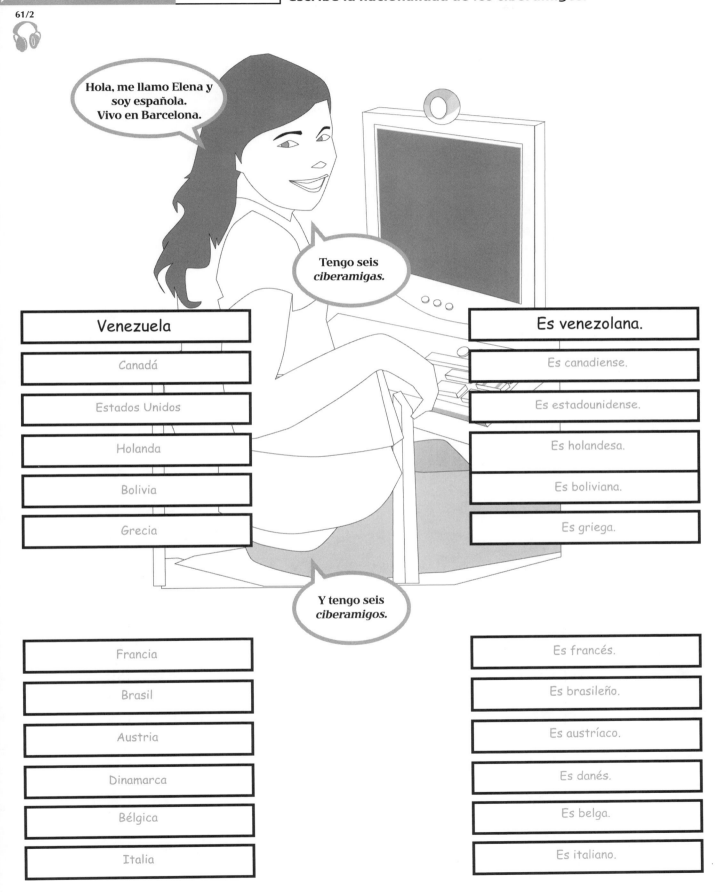

Hola, me llamo Elena y soy española. Vivo en Barcelona.

Tengo seis *ciberamigas*.

Venezuela	Es venezolana.
Canadá	Es canadiense.
Estados Unidos	Es estadounidense.
Holanda	Es holandesa.
Bolivia	Es boliviana.
Grecia	Es griega.

Y tengo seis *ciberamigos*.

Francia	Es francés.
Brasil	Es brasileño.
Austria	Es austríaco.
Dinamarca	Es danés.
Bélgica	Es belga.
Italia	Es italiano.

Pasatiempos

CAMPAMENTO INTERNACIONAL DE VERANO

Mario

Soy llamo Mario. de Caracas. ¡Hola! Me venezolano,

y de dónde llamas Y tú, eres? te ¿cómo

1. Mario y tú.
Ordena las palabras de los bocadillos de Mario, escucha y comprueba. Después responde a las preguntas.

Mario:	¡Hola! Me llamo Mario. Soy venezolano, de Caracas.
Tú:	¡Hola!
Mario:	Y tú, ¿cómo te llamas y de dónde eres?
Tú:	Me llamo... y soy de...

2. ¿Qué lees?

Escucha y colorea las casillas. Después, escribe la palabra que lees.

	a	b	c	d	e	f	g	h	i	j	k	l	m	n
1														
2														
3														
4														

3. ¿De dónde son?

a. Observa las banderas y completa los nombres de los países.

1. ESPAÑA
2. ARGENTINA
3. B R A S I L
4. C A N A D Á
5. C U B A
6. G R E C I A
7. E S T A D O S   U N I D O S

8. C O L O M B I A
9. S U I Z A
10. F R A N C I A
11. D I N A M A R C A
12. M A R R U E C O S
13. R E I N O   U N I D O
14. A L E M A N I A

b. Escribe las nacionalidades, como en el modelo.

- A/1   *El chico A es español.*
- B/5   La chica es cubana.
- C/8   El chico es colombiano.
- D/11   La chica es danesa.
- E/2   El chico es argentino.
- F/7   El chico es estadounidense.
- G/4   La chica es canadiense.

- H/6   El chico es griego.
- I/3   La chica es brasileña.
- J/10   El chico es francés.
- K/14   La chica es alemana.
- L/9   El chico es suizo.
- M/13   La chica es inglesa.

4. Se presentan.

Completa la conversación entre el chico A y la chica B.

A ¡......Hola......! ......Me...... ......llamo...... David. Y tú, ¿ ......cómo...... te ......llamas......?

B ......Me...... ......llamo...... Julia. ......Soy......... cubana, vivo en La Habana.

A Yo soy ......español...... y ......vivo...... en Alicante.

Repasa tu gramática

1. Nombres de personas.

Escucha y escribe los nombres.

1. *Julio* 4. Carmen 7. Antonio
2. Emilio 5. Marina 8. Pablo
3. Marta 6. Marga 9. Sergio

2. Los números del 1 al 19.

Escucha y escribe los números en letras y en cifras.

1. *13 trece* 4. 9 nueve 7. 14 catorce 10. 8 ocho
2. 15 quince 5. 16 dieciséis 8. 10 diez 11. 4 cuatro
3. 8 ocho 6. 5 cinco 9. 17 diecisiete 12. 12 doce

3. Los verbos *llamarse* y *ser*.

Completa los cuadros. Conjuga los verbos.

	LLAMARSE	SER
yo	*me llamo*	soy
tú	te llamas	eres
él, ella, usted	se llama	es
nosotros/as	nos llamamos	somos
vosotros/as	os llamáis	sois
ellos, ellas, ustedes	se llaman	son

4. Los pronombres personales.

Escucha. Escribe la persona de cada forma verbal.

1. yo 5. él ella, usted 9. yo 13. él, ella, usted
2. tú 6. ellos, ellas, ustedes 10. tú 14. él, ella, usted
3. él, ella, usted 7. tú 11. ellos, ellas, ustedes 15. nosotros/as
4. yo 8. vosotros/as 12. yo 16. tú

5. El acento.

Escribe las tildes necesarias.

1. ¿*Cómo* te llamas?
2. Me llamo Juan, ¿y tú?
3. Buenos días.
4. La profesora de Inglés.
5. Hablamos alemán.
6. Hola, ¿qué tal?
7. Adiós.
8. ¿De dónde es usted?
9. Soy portugués.
10. El numero dieciséis.
11. Las islas Canarias están en el Atlántico.
12. Francia es un país de Europa.

6. Los países.

Escribe el nombre de cada país.

Canadá

7. Las nacionalidades.

Clasifica los nombres de los países por orden alfabético y completa el cuadro con las nacionalidades.

	PAÍS		
1.	Canadá	Canadiense	Canadiense
2.	Estados Unidos	Estadounidense	Estadounidense
3.	México	Mexicano	Mexicana
4.	Perú	Peruano	Peruana
5.	Brasil	Brasileño	Brasileña
6.	Argentina	Argentino	Argentina
7.	España	Español	Española
8.	Francia	Francés	Francesa
9.	Reino Unido	Inglés	Inglesa
10.	Alemania	Alemán	Alemana
11.	Portugal	Portugués	Portuguesa
12.	Dinamarca	Danés	Danesa

▶ Las cosas de Sonia

» a **Escucha a Sonia y escribe. ¿Qué tiene Sonia?**

67/8

Tiene tres libros, tres reglas, seis cuadernos, cinco lápices, dos bolígrafos, una barra de pegamento, un sacapuntas, dos rotuladores, una mochila, dos estuches, una goma, tres archivadores y una calculadora.

» b **Observa la ilustración, cuenta los objetos y corrige los errores del texto a.**

Sonia no tiene tres libros, tiene cuatro libros.

No tiene tres reglas, tiene dos reglas. No tiene dos bolígrafos, tiene un bolígrafo. No tiene un sacapuntas, tiene dos sacapuntas. No tiene dos estuches, tiene un estuche. No tiene tres archivadores, tiene dos archivadores.

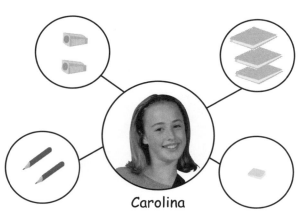
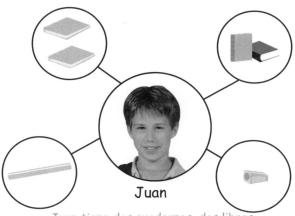
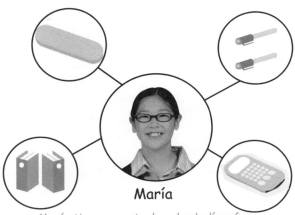
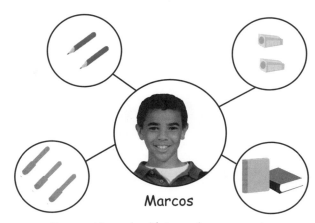
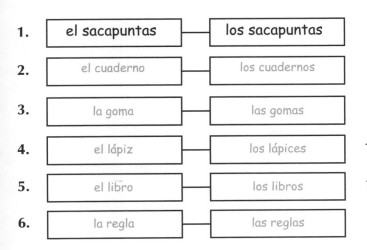

¿Qué tienen ellos?   »a **Escribe frases como en el modelo.**

Carolina

Carolina tiene dos sacapuntas, tres cuadernos, una goma y dos lápices.

Juan

Juan tiene dos cuadernos, dos libros, una regla y un sacapuntas.

María

María tiene un estuche, dos bolígrafos, dos archivadores y una calculadora.

Marcos

Marcos tiene dos lápices, dos sacapuntas, tres rotuladores y dos libros.

»b **Ahora, escribe en los recuadros todas las palabras del ejercicio a, en singular y en plural.**

1.	el sacapuntas	los sacapuntas	7.	el estuche	los estuches	
2.	el cuaderno	los cuadernos	8.	el bolígrafo	los bolígrafos	
3.	la goma	las gomas	9.	el archivador	los archivadores	
4.	el lápiz	los lápices	10.	la calculadora	las calculadoras	
5.	el libro	los libros	11.	el rotulador	los rotuladores	
6.	la regla	las reglas				

4 lección

▶ **Días, meses** y estaciones

▶a Colorea 11 nombres de meses. Subraya 6 nombres de días.
Rodea 3 nombres de estaciones.

MARTESOTOÑOMARZODICIEMBRELUNESDOMINGOJUNIOSEPTIEMBREINVIERNOENEROABRILJUEVESNOVIEMBREVERANOJULIOVIERNESFEBREROMAYOOCTUBRESÁBADO

▶b **Ahora, ordena los nombres de los meses, los días y las estaciones y completa las tres listas.**

Meses	Días	Estaciones
marzo	martes	otoño
diciembre	lunes	invierno
junio	domingo	verano
septiembre	jueves	
enero	viernes	
abril	sábado	
noviembre		
julio		
febrero		
mayo		
octubre		

▶c **¿Qué mes, día y estación no están?**

agosto	miércoles	primavera

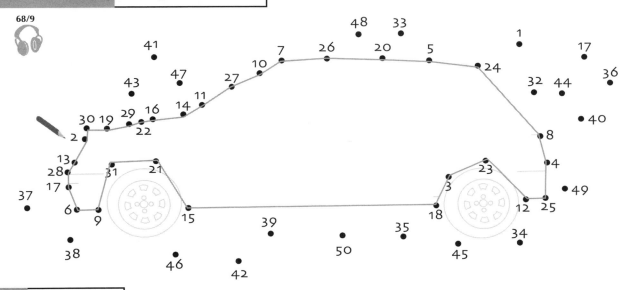

El laberinto   ▶a **Encuentra el camino y escribe las fechas.**

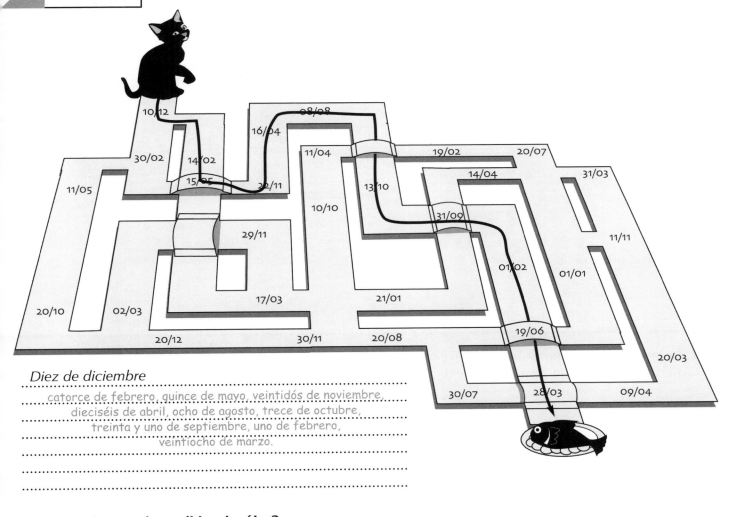

Diez de diciembre

catorce de febrero, quince de mayo, veintidós de noviembre, dieciséis de abril, ocho de agosto, trece de octubre, treinta y uno de septiembre, uno de febrero, veintiocho de marzo.

▶b **Dos fechas son imposibles, ¿cuáles?**

el treinta de febrero

el treinta y uno de septiembre

Pasatiempos

1. La invitación al cumpleaños.

Observa la ilustración y completa el texto.

INVITACIÓN

Hoy, ...veintidós........... de ....mayo........... es el cumpleaños de
...........Raquel...........: tiene ....doce........... años.
La ....fiesta........... es en casa a las 6 de la tarde.
C/ Antonio Machado, 12, 5.ºA
40003 Segovia

¡Feliz cumpleaños, Raquel!

2. ¿Qué dicen los chicos?

a. Escucha y escribe los diálogos.

¡Feliz cumpleaños!
1. ....
Gracias. ¡Un libro, qué bien! Gracias.
2. ....

Y tú, ¿cuándo es tu cumpleaños?
3. ....
El catorce de septiembre. ¿Y tú?
4. ....
El dieciséis de agosto.
5. ....

Hola, ¿eres amiga de Raquel?
6. ....
Sí, me llamo Elena. ¿Y tú?
7. ....
Julián.
8. ....

Hola, me llamo Norberto.
9. ....
Y yo, Julia.
10. ....
¿Eres amiga del instituto?
11. ....
No, yo soy una amiga del equipo de baloncesto de Raquel.
12. ....

b. Escribe los números en los bocadillos.

3. La tarjeta de felicitación.
Completa la tarjeta de felicitación con las palabras de la lista.

Querida .... *Raquel* ....:

Hoy .... *cumples* **doce** .... *años*
Te deseo un feliz .... *cumpleaños*

¡..................... *Felicidades* ....!

Tu .... *amiga* **Elena.**

cumpleaños
cumples
Raquel
amiga
Querida
Felicidades
años

Repasa tu gramática

1. Los interrogativos.

Completa las frases con estos interrogativos.

| Cómo   Cuántos   Qué   Cuándo   dónde |

1. ¿......Qué...... llevas en tu mochila?
2. ¿......Cómo...... te llamas?
3. ¿De ......dónde...... es Julia?

4. ¿......Cuántos...... años tienes?
5. ¿......Cuándo...... es tu cumpleaños?

70/11 2. Los números del 20 al 30.

Escucha y escribe los números en letras y en cifras.

1. 20 | veinte
2. 30 | treinta
3. 15 | quince
4. 24 | veinticuatro

5. 10 | diez
6. 19 | diecinueve
7. 17 | diecisiete
8. 23 | veintitrés

9. 31 | treinta y uno
10. 22 | veintidós
11. 18 | dieciocho
12. 25 | veinticinco

71/12 3. *El, la, los, las.*

Escucha y escribe las palabras. Luego escribe el artículo.

1. la | goma
2. los | libros
3. las | tijeras
4. el | archivador

5. la | mochila
6. el | bolígrafo
7. el | pegamento
8. las | calculadoras

9. el | lápiz
10. el | rotulador
11. los | cuadernos
12. la | regla

4. ¿Masculino o femenino?

Escribe *el* si la palabra es masculina y *la* si es femenina.

1. el alfabeto
2. la goma
3. el diálogo
4. el pegamento
5. la palabra
6. la isla
7. el océano
8. el archivador
9. el calendario
10. la palabra

11. el invierno
12. la compañera
13. la bandera
14. el profesor
15. el compañero
16. el número
17. el rotulador
18. el cumpleaños
19. la fiesta
20. el verano

21. el apellido
22. la letra
23. la profesora
24. la primavera
25. la respuesta
26. el cuaderno
27. el año
28. el otoño
29. la semana
30. el curso

5. El plural.

Pon las palabras en plural.

1. mochila	*mochilas*	**11.** español	españoles
2. rotulador	rotuladores	**12.** profesora	profesoras
3. país	países	**13.** nacionalidad	nacionalidades
4. compañero	compañeros	**14.** vocal	vocales
5. lápiz	lápices	**15.** consonante	consonantes
6. libro	libros	**16.** actividad	actividades
7. número	números	**17.** capital	capitales
8. amiga	amigas	**18.** día	días
9. profesor	profesores	**19.** mar	mares
10. nombre	nombres	**20.** mes	meses

6. El verbo *tener.*

Forma frases según el modelo.

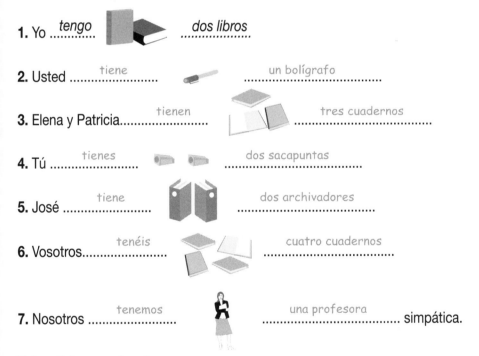

1. Yo ...*tengo*... *dos libros*

2. Usted ...tiene... un bolígrafo

3. Elena y Patricia...tienen... tres cuadernos

4. Tú ...tienes... dos sacapuntas

5. José ...tiene... dos archivadores

6. Vosotros...tenéis... cuatro cuadernos

7. Nosotros ...tenemos... una profesora ... simpática.

13 7. La sílaba acentuada.

Escucha y escribe las palabras. Rodea la sílaba fuerte. ¡No olvides la tilde en las palabras con el acento en la antepenúltima sílaba!

1. *nacionalidad*	**5.** rotulador	**9.** amigo	**13.** mochila
2. bolígrafo	**6.** postal	**10.** llamar	**14.** abril
3. sílaba	**7.** nosotros	**11.** español	**15.** estuche
4. palabra	**8.** Bélgica	**12.** alumno	

Los verbos regulares en presente

»a **Completa el crucigrama con las formas.**

1. repasar, yo	**3.** aprender, él	**5.** describir, yo	**7.** dibujar, yo	**9.** responder, vosotros
2. escribir, nosotros	**4.** tener, ellos	**6.** escuchar, nosotros	**8.** leer, tú	**10.** hacer, yo

Crucigrama:

- (1) R E P A S O
- (2) E S C R I B I M O S
- (3) A P R E N D E
- (4) T I E N E N
- (5) D E S C R I B O
- (6) E S C U C H A M O
- (7) D B U J O
- (8) L E E S
- (9) R E S P O N D É S
- (10) H A G O

»b **Ahora, escribe diez frases con las formas del ejercicio a y estas expresiones.**

- la poesía de la página 30
- los ejercicios de Inglés
- el mapa de España
- a las preguntas del profesor
- la gramática
- la foto de la página 18
- las frases en el cuaderno
- un trabajo de Geografía para mañana
- la conversación de la pista 9
- el texto del libro

1. *Repaso la gramática.*
2. Escribimos las frases en el cuaderno.
3. Aprende la poesía de la página 30.
4. Tiene un trabajo de Geografía para mañana.
5. Describo la foto de la página 18.
6. Escuchamos la conversación de la pista 9.
7. Dibujo el mapa de España.
8. Lees el texto del libro.
9. Respondéis a las preguntas del profesor.
10. Hago los ejercicios de Inglés.

¿Hacemos los deberes?

a Escucha y numera las ilustraciones. Luego, escribe las frases.

2 ¿Escribo el nombre de los ríos?

4 ¿Me pasas el libro, por favor?

3 ¿Qué deberes tienes para mañana? Aprender una poesía de Antonio Machado.

1. En clase de Inglés describimos fotos.

5 ¿Escuchamos un CD de Christina Aguilera?

6 ¿En clase de Francés leéis textos? Sí, y conjugamos verbos.

b Relaciona las preguntas con las respuestas.

1. ¿Qué deberes tenemos para el lunes? ⟶   **a.** Dos ejercicios de Matemáticas.
2. ¿Tenemos deberes de Francés?   **b.** Sí, todos los martes.
3. ¿En clase de Geografía aprendes el nombre de los ríos?   **c.** Sí, y de las montañas, también.
4. ¿Cuál es tu asignatura favorita?   **d.** Sí, y textos y diálogos también.
5. ¿En clase de Inglés escucháis canciones?   **e.** Sí, aprender el vocabulario de la página 25.
6. ¿Tienes exámenes?   **f.** La Geografía.

2. - e.
3. - c.
4. - f.
5. - d.
6. - b.

6 lección

▶Las horas y los minutos

»a **Relaciona las horas.**

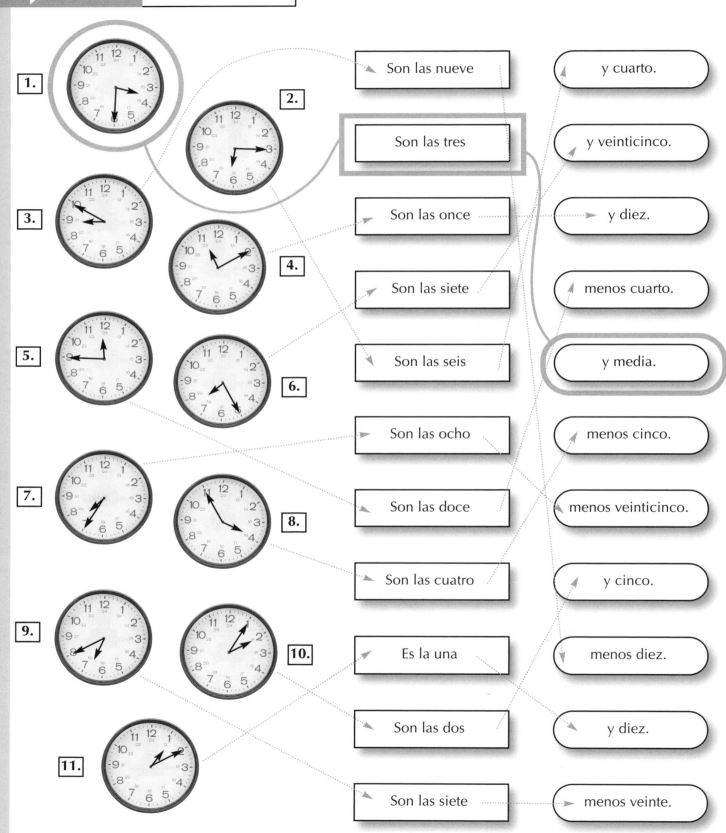

Son las nueve · · · · y cuarto.

Son las tres · · · · y veinticinco.

Son las once · · · · y diez.

Son las siete · · · · menos cuarto.

Son las seis · · · · y media.

Son las ocho · · · · menos cinco.

Son las doce · · · · menos veinticinco.

Son las cuatro · · · · y cinco.

Es la una · · · · menos diez.

Son las dos · · · · y diez.

Son las siete · · · · menos veinte.

Las asignaturas

»a Escucha y une con flechas las personas y las asignaturas.

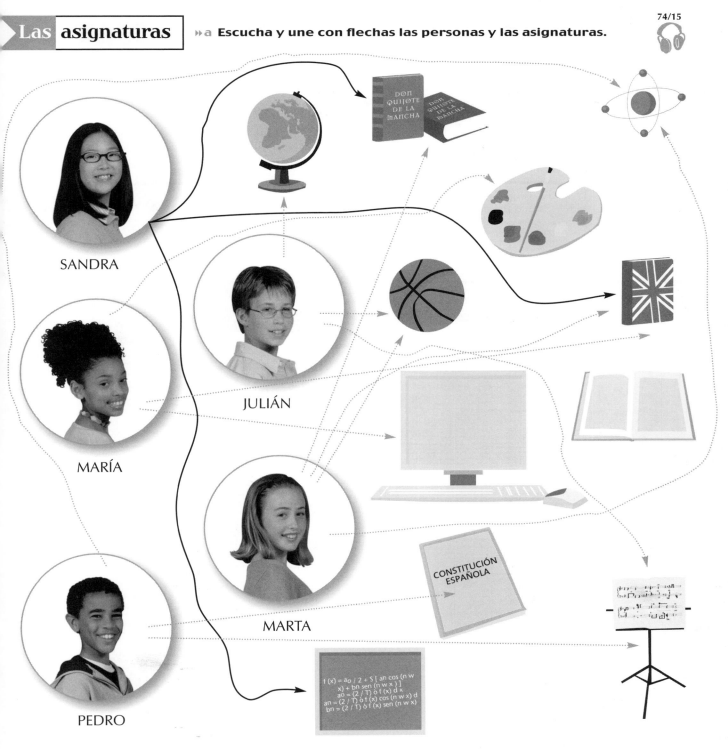

SANDRA

MARÍA

JULIÁN

MARTA

PEDRO

DON QUIJOTE DE LA MANCHA

CONSTITUCIÓN ESPAÑOLA

$f(x) = a_0 / 2 + S [an \cos (n w$
$x) + bn \sin (n w x)]$
$ao = (2 / T) ò f (x) d x$
$an = (2 / T) ò f (x) \cos (n w x) d$
$bn = (2 / T) ò f (x) \sin (n w x)$

»b Ahora, completa los cuadros con el nombre de las asignaturas favoritas de cada amigo.

SANDRA	JULIÁN	MARÍA	MARTA	PEDRO
Matemáticas, Inglés, Lengua y Literatura.	Educación Física Geografía Música	Plástica Inglés Tecnología	Lengua y Literatura Inglés Educación Física Ciencias	Ciudadanía Música Ciencias

Pasatiempos

Marta en el instituto.

1. El horario de Marta.

Lee el texto de Marta y completa su horario de clases.

Tengo todos los días después del recreo; los jueves después de la ; ⚛ los lunes a las 10:20 y los martes a las 13:20; los lunes y los miércoles, dos clases de 🎵 .

	LUNES	MARTES	MIÉRCOLES	JUEVES	VIERNES
8:30-9:20	Matemáticas	Plástica	Matemáticas	Francés	Educación Física
9:25-10:15	Plástica	Educación Física	Estudio	Geografía e Historia	Inglés
10:20-11:10	Ciencias	Educación para la Ciudadanía	Geografía e Historia	Inglés	Francés
R	E	C	R	E	O
11:30-12:20	Lengua y Literatura	Lengua y Literatura	Lengua y Literatura	Lengua y Literatura	Lengua y Literatura
12:25-13:15	Música	Tecnología	Inglés	Matemáticas	Tecnología
13:20-14:10	Música	Ciencias	Música	Geografía e Historia	Matemáticas

2. Hoy es martes.

Escucha las conversaciones entre Marta y sus compañeros: ¿en qué clase están? (Observa el horario).

1. Plástica ....
2. Educación para la ciudadanía ....
3. Lengua y Literatura ....
4. Ciencias ....

3. Marta durante la semana.

¿Qué hora es? ¿Qué hace en cada clase?

a. Las diez menos cuarto.

b. Las nueve y veinte.

c. Las diez y media.

d. Las dos.

e. La una menos veinte.

f. Las dos menos cuarto.

4. ¿Qué hacen los compañeros de Marta en el recreo?

Lee las frases y escribe los nombres en los recuadros.

> Carmen escucha música.   Pablo y María hablan.   Sara lee.   Pedro dibuja.   David escribe un correo.

5. Hugo llama a Marta.

a. Completa la agenda de Hugo.
b. Escucha y comprueba.

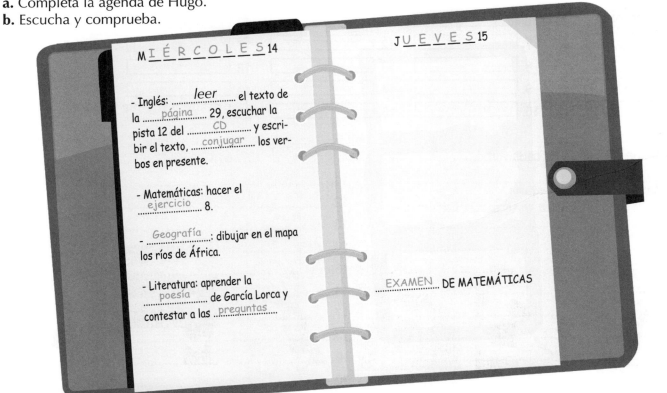

Repasa tu gramática

1. Los verbos en presente.

Completa los cuadros.

	escuchar	aprender	escribir
yo	escucho	aprendo	escribo
tú	escuchas	aprendes	escribes
él, ella, usted	escucha	aprende	escribe
nosotros/as	escuchamos	aprendemos	escribimos
vosotros/as	escucháis	aprendéis	escribís
ellos, ellas, ustedes	escuchan	aprenden	escriben

	hacer	leer	describir
yo	hago	leo	describo
tú	haces	lees	describes
él, ella, usted	hace	lee	describe
nosotros/as	hacemos	leemos	describimos
vosotros/as	hacéis	leéis	describís
ellos, ellas, ustedes	hacen	leen	describen

77/18 **2. Las formas verbales.**

 a. Escucha y escribe la persona de cada forma verbal.

1. nosotros	6. vosotros	11. tú	16. él, ella, usted
2. yo	7. nosotros	12. él, ella, usted	17. yo
3. nosotros	8. tú	13. yo	18. ellos, ellas, ustedes
4. yo	9. tú	14. vosotros	19. vosotros
5. ellos, ellas, ustedes	10. nosotros	15. él, ella, usted	20. él, ella, usted

b. Escribe el infinitivo de cada verbo.

1. Describir
2. Conjugar
3. Responder
4. Ser
5. Responder
6. Leer
7. Dibujar
8. Aprender
9. Escribir
10. Hablar

11. Leer
12. Hacer
13. Hacer
14. Escuchar
15. Llamarse
16. Escribir
17. Tener
18. Tener
19. Tener
20. Responder

3. Acciones habituales.

Completa las frases con los verbos de la lista en presente.

hablar	hacer	escuchar	conjugar	leer	responder	escribir
	escuchar	dibujar	describir	tener	aprender	

1. _Escuchamos_ (nosotros) una canción en inglés.
2. El profesor _describe_ las fotos del libro.
3. Los alumnos _conjugan_ los verbos en presente.
4. Estefanía _habla_ con el profesor de Matemáticas.
5. _Escucháis_ (vosotros) un diálogo del CD.
6. _Escribo_ (yo) un texto.
7. _Hacemos_ (nosotros) los ejercicios de la página treinta.
8. _Aprendes_ (tú) la poesía de Antonio Machado.
9. Antonio _responde_ a las preguntas de la profesora.
10. Carlos y Julio _dibujan_ el mapa de España.
11. _Leo_ (yo) un libro.
12. _Tienes_ (tú) un examen de Música.

4. La hora.

¿Qué hora es?

1. Las seis y media
2. Las doce menos cuarto
3. Las diez y veinte
4. Las nueve y cinco
5. Las dos menos diez
6. Las cinco menos cuarto

7. La una y cinco
8. Las siete y cuarto
9. Las tres menos cinco
10. Las cuatro y veinte
11. Las ocho
12. Las once menos veinticinco

5. El acento en la última sílaba.

Escucha. Escribe únicamente las palabras con el acento en la última sílaba. Escribe las tildes necesarias.

1. profesor
2. cantar
3. marrón
4. actividad
5. veintitrés
6. español
7. inglés
8. escribís
9. color
10. azul
11. francés
12. veintidós
13. usted
14. abril
15. edad y Perú

▶ **Cadena** **de verbos**

» **a** **Rodea dieciséis formas en presente (algunos con sus pronombres reflexivos) en la cadena de palabras.**

» **b** **Escribe la persona y el infinitivo de cada forma.**

hacer, ellos/ellas, ustedes	comer, yo	salir, yo	llegar, yo
ir, vosotros	irse, ellos	llegar, vosotros	hacer, nosotros
levantarse, tú	desayunar, yo	cenar, nosotros	ser, ellos
ducharse, yo	tener, tú	hablar, yo	levantarse, yo

» **c** **Escribe el infinitivo y todas las formas en presente de los cinco primeros verbos.**

Hacer	Ir	Levantarse	Ducharse	Comer
Hago	Voy	Me levanto	Me ducho	Como
Haces	Vas	Te levantas	Te duchas	Comes
Hace	Va	Se levanta	Se ducha	Come
Hacemos	Vamos	Nos levantamos	Nos duchamos	Comemos
Hacéis	Vais	Os levantáis	Os ducháis	Coméis
Hacen	Van	Se levantan	Se duchan	Comen

» **d** **Completa las frases con las formas de la actividad a.**

- Y tú, ¿qué haces normalmente?
- Todos los días ....*me levanto*... a las siete y media, ...*me ducho*........ y ....*desayuno*........ cereales con leche. ....*Salgo*...... de casa a las ocho y cuarto y ....*llego*.......... al instituto a las ocho y media. Las clases ....*son*............ de nueve a dos. A las dos y media ....*como*...... con mi familia. Por la tarde mi hermano y yo ....*hacemos*............ los deberes. Después ......*hablo*...... por el "chat" con unos amigos. ......*Cenamos*........ todos juntos a las nueve y me voy a al cama. Y tú, ¿a qué hora .....*te levantas*......?
- A las ocho menos cuarto. Mi hermano y yo desayunamos a las ocho y cuarto.
- ¿A qué hora ....*llegáis*........ al instituto?
- A las nueve menos cuarto.
- ¿........*Vais*........ al instituto andando?
- Sí, está muy cerca de casa.
- ¿Y ....*tienes*.... actividades por la tarde?
- Sí, mis amigos ......*hacen*...... teatro en el instituto y yo les ayudo. Este año ....*se van*..... de viaje, y yo voy a ir con ellos. Participamos en un concurso internacional de teatro.

El verbo *gustar*

▸a **Completa las frases con *gusta*, *gustan* (.....), y con *a mí sí*, *a mí no*, *a mí también*, *a mí tampoco* (___).**

Lorena: Me ...*gusta*..... la montaña y me .....*gusta*..... leer, ¿y a ti?
Fernando: ____*A mí también*____. Me .....*gustan*.... los caramelos.
Lorena: ____*A mí no*____. No me ...*gusta*..... tocar la guitarra.
Fernando: ¿No? Pues ____*a mí sí*____.
Lorena: Me ....*gusta*.... el baloncesto y también me ....*gusta*.... dibujar.
Fernando: Pues ____*a mí no*____. No me ...*gustan*.... las Matemáticas.
Lorena: ____*A mí tampoco*____.
Fernando: Y no me ....*gustan*.... los videojuegos.
Lorena: ____*A mí sí*____.

▸b **Ahora completa con los pronombres personales (___) y con *gusta* o *gustan* (.....).**

1. A nosotros __*nos*__ .....*gusta*..... ir al instituto en bici.
2. A Elena no __*le*__ .....*gustan*.... los exámenes.
3. A Pedro y a Nuria __*les*__ .....*gusta*.... la Geografía.
4. ¿__*Te*__ ....*gusta*.... cantar, Andrea?
5. Juan y Antonio, ¿__*os*__ ....*gustan*.... las Ciencias?
6. __*Me*__ ....*gusta*.... escuchar música, y mi cantante preferida es Christina Aguilera.
7. A Consuelo y a mí __*nos*__ .....*gusta*..... aprender canciones.

8 lección

▶Los colores

» a **Busca los nombres de once colores.**

A	G R I	S	B	C	A	D		E
F	G H	R O J O	Z	I	J		J
A	K L	M N Ñ O	U	P	Q		
M	V E R D E	R	L	S	Ñ
A	T	N U V W X Y Z	A
R	A	E	B L A N C O	R
I	B	G	C D	R E F	M	A
L	G	R	H I	O J	K	A	N	J
L	K	O	M N S Ñ	O R	M A R R
O	P	Q R S A S T	R	A
U	V I O L E T A	Ó	V
W X Y Z A B C D	N	E

» b **Copia los nombres y escribe los femeninos, por orden alfabético.**

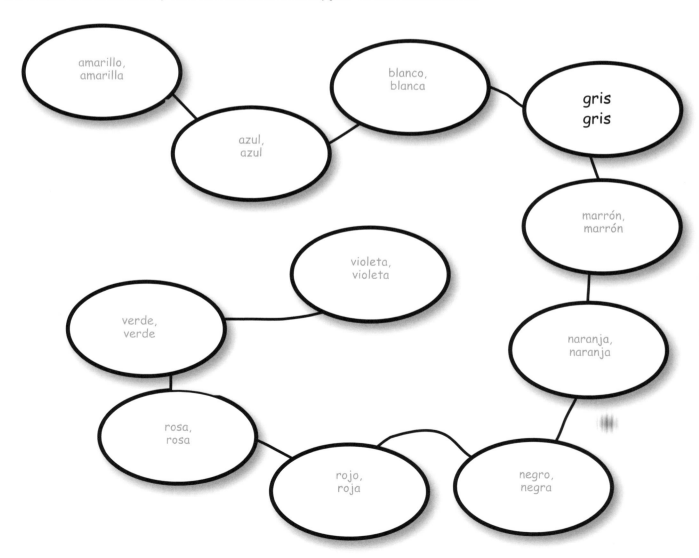

amarillo,
amarilla

azul,
azul

blanco,
blanca

gris
gris

marrón,
marrón

violeta,
violeta

verde,
verde

naranja,
naranja

rosa,
rosa

rojo,
roja

negro,
negra

>>a **Escucha y colorea.**

>>b **Ahora, completa el cuadro con los adjetivos de color de la actividad a.**

SINGULAR		PLURAL	
Masculino	**Femenino**	**Masculino**	**Femenino**
gris	*gris*	*grises*	*grises*
amarillo	amarilla	amarillos	amarillas
rojo	roja	rojos	rojas
verde	verde	verdes	verdes
violeta	violeta	violetas	violetas
naranja	naranja	naranjas	naranjas
azul	azul	azules	azules
marrón	marrón	marrones	marrones
negro	negra	negros	negras
rosa	rosa	rosas	rosas

Pasatiempos

El Club Juvenil.

6. Alicia

7. Pab

3. Patricia

5. Marcos

2. Elena

1. Beatriz

4. Juan

8. Pedro

9. Marta

1. En el Club.

a. Contesta a las preguntas.

1. ¿Qué hora es?   Las seis menos veinticinco
2. ¿Es invierno o verano?   Verano
3. ¿Quién tiene gafas?   La número 6 (Alicia)

80/21

b. Escucha y escribe el nombre de las personas en los recuadros.

c. Observa las actividades del Club.

	JUEVES	VIERNES	SÁBADO
14:30-15:30	Poesía	Tenis	Internet
15:30-16:30	Fútbol	Inglés o Francés	Piano
16:30-17:30	Guitarra	Bici	Baloncesto
17:30-18:30	Dibujo	Atletismo	Videojuegos

d. ¿Qué días y a qué hora van al Club estos tres amigos?

1. A José le gustan los deportes: *el jueves de tres y media a cuatro y media, el viernes de dos y media a tres y media y de cuatro y media a seis y media y el sábado de cuatro y media a cinco y media.*

2. A María le gusta la música y cantar: *el jueves de cuatro y media a cinco y media y el sábado de tres y media a cuatro y media.*

3. A Sara le gustan los idiomas: *el viernes de tres y media a cuatro y media.*

2. Las actividades.
a. Conjuga los verbos en presente (.....) y completa el texto con la información del Club (actividades y horas) (___).

Los sábados (*levantarse*) ....*me levanto*.......... a las nueve y cuarto. (*Ducharse*) ....*Me ducho*.........., (*desayunar*) ....*desayuno*.......... y (*hacer*) ....*hago*.......... los deberes. (*Comer*) ....*Como*.......... a las dos y media. A las dos y cuarto (*salir*) ....*salgo*.......... de casa y (*ir*) ....*voy*.......... al Club Juvenil en bici con mi amigo Raúl. De las ___*dos y media*___ a las ___*tres y media*___, (*navegar, nosotros*) ....*navegamos*.......... por ___*internet*___ y de las ___*cuatro y media*___ a las ___*cinco y media*___, (*practicar, yo*) ....*practico*.......... ___*baloncesto*___ con mis amigos del instituto. De las ___*cinco y media*___ a las ___*seis y media*___, Raúl (*tener*) ....*tiene*.......... una hora con los ___*videojuegos*___, a mí no me (*gustar*) ....*gustan*.......... los ___*videojuegos*___ y (*ir*) ....*voy*.......... a casa a las cinco y media.

3. Raúl escribe un *e-mail* a Carlos, su nuevo *ciberamigo* argentino.
Completa el texto.

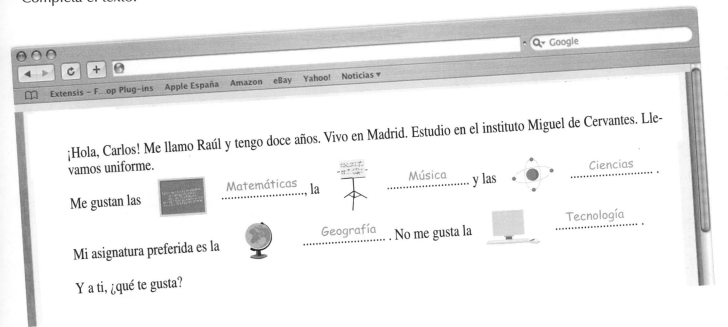

¡Hola, Carlos! Me llamo Raúl y tengo doce años. Vivo en Madrid. Estudio en el instituto Miguel de Cervantes. Llevamos uniforme.

Me gustan las *Matemáticas*, la *Música* y las *Ciencias*.

Mi asignatura preferida es la *Geografía*. No me gusta la *Tecnología*.

Y a ti, ¿qué te gusta?

Repasa tu gramática

1. Los colores.

Completa el cuadro.

SINGULAR		PLURAL	
Masculino	**Femenino**	**Masculino**	**Femenino**
azul	azul	azules	azules
amarillo	amarilla	amarillos	amarillas
verde	verde	verdes	verdes
naranja	naranja	naranjas	naranjas
rojo	roja	rojos	rojas
rosa	rosa	rosas	rosas
violeta	violeta	violetas	violetas
blanco	blanca	blancos	blancas
negro	negra	negros	negras
gris	gris	grises	grises
marrón	marrón	marrones	marrones

2. Los objetos y los colores.

Escucha las frases y colorea los objetos.

verdes

marrón

violeta

grises

azul

amarillos

naranjas

negro

blanco

rosa

rojas

3. La forma negativa *no*.

Escucha y pon las frases en la forma negativa.

1. *Carmen y Carolina no van al instituto andando*
2. Las clases no empiezan a las ocho y media.
3. No escuchamos canciones en inglés con el profesor.
4. El libro de Francés no es rojo.
5. La mochila de Beatriz no es verde.
6. No te gustan las Matemáticas.
7. Los lunes no tenemos Historia.
8. Los martes no voy a casa de mi amigo Alberto.
9. Los martes no salís a las cuatro y media.
10. No nos vamos a la cama a las diez menos cuarto.

4. El verbo *gustar*.

Completa las frases con *gusta* o *gustan*.

1. A Juan le ....*gusta*........ escuchar canciones.
2. A mí me ....*gustan*........ las Ciencias.
3. A nosotros no nos ....*gusta*........ el Inglés.
4. ¿Te ....*gusta*........ la Geografía?
5. ¿Os ....*gustan*........ los perros?
6. No me ....*gusta*........ el verde.
7. A Paco y a Luis les ....*gusta*........ el instituto.
8. ¿Te ....*gustan*........ los videojuegos?
9. Al profesor le ....*gusta*........ leer textos.
10. ¿Os ....*gustan*........ las Matemáticas?

5. Acuerdo o desacuerdo.

Escribe: *A mí también. A mí tampoco. A mí sí. A mí no.*

☺ = Estás de acuerdo.   ☹ = No estás de acuerdo.

1. Me gusta el Inglés.   ☺   *A mí también*
2. No me gustan las Ciencias.   ☹   *A mí tampoco*
3. No me gusta cantar.   ☹   *A mí tampoco*
4. Me gusta el Francés.   ☹   *A mí no*
5. Me gusta estudiar.   ☺   *A mí también*
6. No me gustan los perros.   ☺   *A mí sí*
7. No me gusta Internet.   ☹   *A mí tampoco*
8. Me gustan las canciones de Ricky Martin.   ☹   *A mí no*
9. No me gusta el fútbol.   ☺   *A mí sí*
10. Me gusta leer.   ☺   *A mí también*

6. El acento en la penúltima sílaba.

Escucha. Escribe únicamente las palabras con el acento en la penúltima sílaba. Escribe las tildes necesarias.

1.	*cantante*	5.	*lunes*	9.	*dibujamos*	13.	*febrero*
2.	*fútbol*	6.	*cantas*	10.	*amarillo*	14.	*otoño*
3.	*bici*	7.	*Víctor*	11.	*lápiz*		
4.	*verde*	8.	*nosotros*	12.	*once*		

/24

La familia de David

» a **Lee y completa el árbol genealógico.**

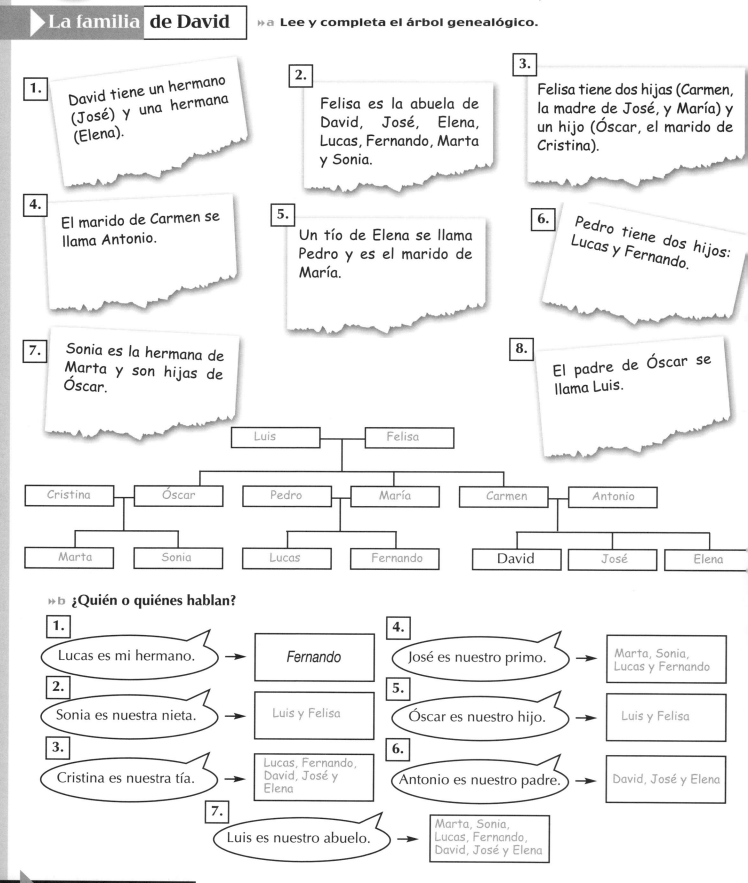

1. David tiene un hermano (José) y una hermana (Elena).

2. Felisa es la abuela de David, José, Elena, Lucas, Fernando, Marta y Sonia.

3. Felisa tiene dos hijas (Carmen, la madre de José, y María) y un hijo (Óscar, el marido de Cristina).

4. El marido de Carmen se llama Antonio.

5. Un tío de Elena se llama Pedro y es el marido de María.

6. Pedro tiene dos hijos: Lucas y Fernando.

7. Sonia es la hermana de Marta y son hijas de Óscar.

8. El padre de Óscar se llama Luis.

Luis — Felisa

Cristina — Óscar | Pedro — María | Carmen — Antonio

Marta | Sonia | Lucas | Fernando | David | José | Elena

» b **¿Quién o quiénes hablan?**

1. Lucas es mi hermano. → *Fernando*

2. Sonia es nuestra nieta. → Luis y Felisa

3. Cristina es nuestra tía. → Lucas, Fernando, David, José y Elena

4. José es nuestro primo. → Marta, Sonia, Lucas y Fernando

5. Óscar es nuestro hijo. → Luis y Felisa

6. Antonio es nuestro padre. → David, José y Elena

7. Luis es nuestro abuelo. → Marta, Sonia, Lucas, Fernando, David, José y Elena

¿De quién **es?**

»a Escribe los adjetivos posesivos, según el modelo.

La bicicleta   YO   → **Mi bicicleta**

1. Los libros   TÚ — Tus libros
2. Los cuadernos   ELLA — Sus cuadernos
3. El amigo   USTEDES — Su amigo
4. El entrenador   ÉL — Su entrenador
5. Las gafas   ELLA — Sus gafas
6. La guitarra   USTED — Su guitarra
7. El color favorito   TÚ — Tu color favorito
8. Los CD   YO — Mis CD
9. El hermano   ELLOS — Su hermano

10. Las amigas   VOSOTROS — Vuestras amigas
11. Los perros   NOSOTROS — Nuestros perros
12. Los profesores   YO — Mis profesores
13. La clase   ELLOS — Su clase
14. La foto   TÚ — Tu foto
15. El reloj   ELLA — Su reloj
16. El deporte favorito   NOSOTROS — Nuestro deporte favorito
17. Los primos   VOSOTROS — Vuestros primos
18. La cantante favorita   YO — Mi cantante favorita

/25

»b Escucha y transforma las frases según el modelo.

1.  Tengo una mochila azul. → Mi mochila es azul.

2. Tu tío es argentino.
3. Su primo es inglés.
4. Mis *ciberamigos* son alemanes.
5. Nuestro amigo es francés.

6. Tus estuches son blancos.
7. Su abuela es colombiana.
8. Tu amiga es venezolana.
9. Sus gafas son rojas.

10. Nuestros libros son verdes.
11. Sus primos son italianos.
12. Nuestro gato es negro.
13. Su tía es boliviana.

Juego de **espías**

»a Escucha, colorea las casillas que oyes y descubre la palabra oculta.

5/26

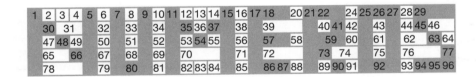

»b Escucha de nuevo y escribe todos los números con letras.

Uno, cinco, siete, nueve, once, quince, diecisiete, dieciocho, veintiuno, veintidós, veinticinco, veintiséis, veintisiete, veintinueve, treinta, treinta y cinco, treinta y siete, cuarenta y uno, cuarenta y cinco, cuarenta y ocho, cincuenta y cuatro, cincuenta y siete, cincuenta y nueve, sesenta y tres, sesenta y seis, setenta y tres, setenta y siete, ochenta, ochenta y seis, ochenta y siete, noventa, noventa y dos, noventa y cuatro, noventa y cinco, noventa y seis.

lección 10

▶ ¿Cómo es **Julián**?

➤ a **Escucha y completa la información sobre Julián.**

Julián

- Nombre: ....
- Apellidos: Merino Sánchez
- Edad: 13 años
- Cumpleaños: 12 de agosto
- Domicilio: Salamanca
- Pelo: Moreno, corto y liso
- Ojos: Marrones
- Familia: 2 hermanos
- Mascota: 1 perro
- Colores favoritos: Azul y naranja
- Actividades favoritas: Ir en bici, Internet y el fútbol

➤ b **Escribe un texto sobre Julián.**

> **Se llama Julián Merino Sánchez. Tiene...**
>
> trece años y su cumpleaños es el 12 de agosto. Vive en Salamanca. Tiene el pelo moreno, corto y liso. Tiene los ojos marrones. Tiene dos hermanos y un perro. Sus colores favoritos son el azul y el naranja. Sus actividades favoritas son ir en bici, Internet y el fútbol.

▶ Y tú, **¿cómo eres?**

➤ a **Ahora, preséntate, indica los mismos datos que Julián.**

> Me llamo...

»a **Termina el dibujo y completa la descripción de los tres personajes. Escribe la descripción de Carlota.**

Me llamo Consuelo. Soy [3] alta y un poco [4] delgada Soy rubia y tengo el pelo largo y rizado. Mis ojos son marrones y llevo gafas.

Me llamo Emilio. Soy [5] alto y [6] delgado . Soy moreno y tengo el pelo corto y liso. Mis ojos son azules.

[7] Me llamo Carlota, soy baja y un poco gorda. Soy morena y tengo el pelo largo y rizado. Llevo gafas

Me llamo Francisco. Soy [1] alto y un poco gordo . Soy rubio y tengo el pelo corto y rizado. Llevo barba y bigote. Mis ojos son verdes.

»b **Ahora, clasifica los adjetivos de la actividad a en el cuadro.**

Adjetivos para la estatura		Adjetivos para el peso		Adjetivos para el pelo		Adjetivos para los ojos
Masculino	**Femenino**	**Masculino**	**Femenino**	**Masculino**	**Femenino**	
alto bajo	alta baja	gordo delgado	gorda delgada	rubio moreno largo corto liso rizado	rubia morena larga corta lisa rizada	verdes marrones azules

Pasatiempos

El cumpleaños de la abuela.

1. La familia de David.

a. Escucha y escribe los nombres en los recuadros.

1.	Marina	4.	Miguel	7.	Sonia
2.	Felipe	5.	Paco	8.	Cristina
3.	David	6.	Arturo	9.	Antonia

b. ¿Qué tienen en común estos personajes?

- Antonia y Miguel.   Son rubios y llevan gafas.
- Arturo y Felipe.   Son calvos y llevan barba y bigote.
- Marina y Miguel.   Son rubios.
- Marina y Sonia.   Tienen el pelo largo.
- Paco y Arturo.   Son calvos y un poco gordos.

c. Escribe los nombres de la actividad 1 en el árbol genealógico.

Tengo un hermano.
Mi padre lleva bigote y mi
tía tiene el pelo rizado.

Arturo	Antonia

Paco	Cristina	Felipe	Marina

David	Miguel		Sonia

d. Verdadero o falso.

V F

1. Antonia es la abuela de Miguel. ☒ ☐
2. Arturo es el primo de Marina. ☐ ☒
3. Cristina es la mujer de Arturo. ☐ ☒
4. Sonia es la prima de Miguel. ☒ ☐
5. Cristina es la tía de David. ☐ ☒

V F

6. Felipe es el marido de Marina. ☒ ☐
7. Marina es la madre de Sonia. ☒ ☐
8. Paco es el padre de Arturo. ☐ ☒
9. Cristina es la hija de Antonia. ☐ ☒
10. Miguel es el hijo de Arturo. ☐ ☒

2. La abuela de David es muy joven y moderna.

a. ¿Qué hace todos los domingos?

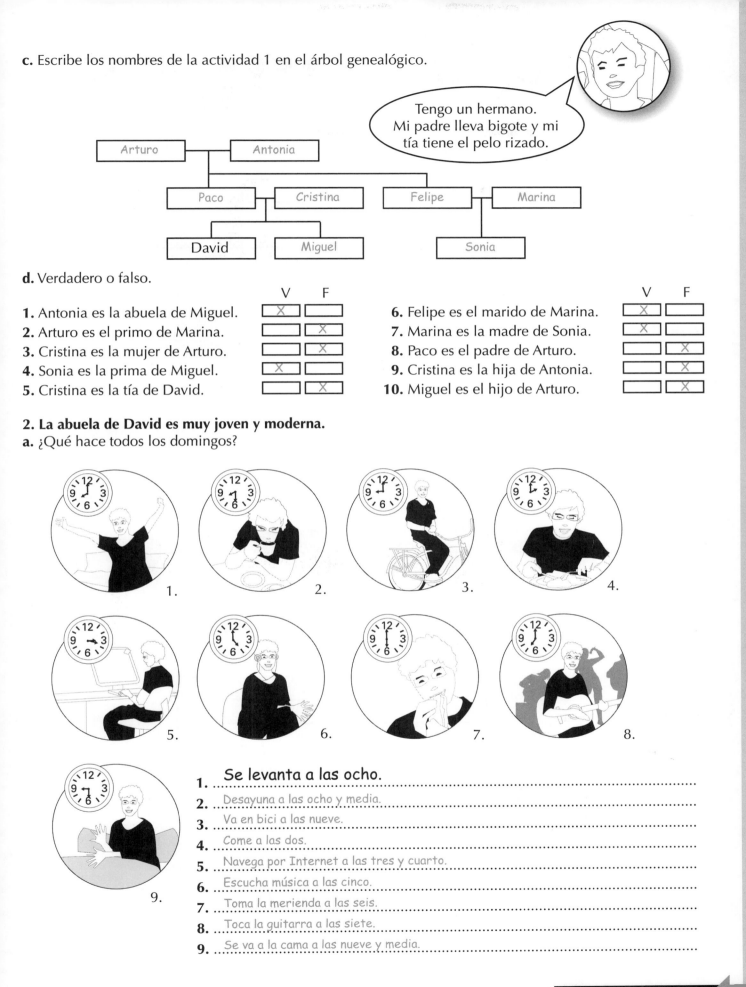

1. 2. 3. 4.

5. 6. 7. 8.

1. Se levanta a las ocho.

2. Desayuna a las ocho y media.

3. Va en bici a las nueve.

4. Come a las dos.

5. Navega por Internet a las tres y cuarto.

6. Escucha música a las cinco.

7. Toma la merienda a las seis.

8. Toca la guitarra a las siete.

9. Se va a la cama a las nueve y media.

9.

Repasa tu gramática

88/29 **1. Los números.**

Escucha y escribe los números en letras y en cifras.

1. 40 cuarenta
2. 62 sesenta y dos
3. 94 noventa y cuatro
4. 37 treinta y siete
5. 81 ochenta y uno
6. 70 setenta
7. 16 dieciséis
8. 86 ochenta y seis
9. 47 cuarenta y siete
10. 69 sesenta y nueve
11. 93 noventa y tres
12. 22 veintidós
13. 35 treinta y cinco
14. 74 setenta y cuatro
15. 52 cincuenta y dos
16. 19 diecinueve
17. 100 cien
18. 15 quince

2. En cifras y en letras.

Escribe los números en letras.

12	doce	41	cuarenta y uno
33	treinta y tres	78	setenta y ocho
48	cuarenta y ocho	54	cincuenta y cuatro
63	sesenta y tres	22	veintidós
75	setenta y cinco	98	noventa y ocho
37	treinta y siete	84	ochenta y cuatro
89	ochenta y nueve	29	veintinueve
50	cincuenta	66	sesenta y seis

3. La familia.

Completa el cuadro.

MASCULINO	FEMENINO
el abuelo	la abuela
el padre	la madre
el hermano	la hermana
el hijo	la hija
el tío	la tía
el primo	la prima
el marido	la mujer

4. El género y el número.

Escribe los artículos definidos: *el, la, los, las*.

1. la familia
2. el pelo
3. el bigote
4. la edad
5. la barba
6. la actriz
7. los ojos
8. la mujer
9. el hombre
10. los tíos
11. los abuelos
12. las gafas

5. Los adjetivos.

Escribe los contrarios.

rizado	>	liso
gorda	>	delgada
con pelo	>	calvo
largo	>	corto
alta	>	baja

6. Los posesivos.

Transforma las frases como en el modelo. Usa un adjetivo posesivo.

1. el perro	YO	*Mi perro*
2. el amigo	USTED	Su amigo
3. la casa	TÚ	Tu casa
4. el abuelo	NOSOTROS	Nuestro abuelo
5. los cuadernos	TÚ	Tus cuadernos
6. el hermano	PABLO	Su hermano
7. los libros	YO	Mis libros
8. los primos	NOSOTROS	Nuestros primos
9. el instituto	TÚ	Tu instituto
10. la casa	VOSOTROS	Vuestra casa
11. las hermanas	USTED	Sus hermanas
12. la tía	NOSOTROS	Nuestra tía
13. las amigas	ELLAS	Sus amigas

7. Los verbos en presente.

Completa las frases con los verbos de la lista en presente.

1. Mi abuelo ...*se llama*.... Antonio.	llamarse
2. Este ....*es*......... mi hermano Luis.	vivir
3. (yo) ....*Tengo*...... dos primos.	gustar
4. Mis abuelos ....*viven*........ en Salamanca.	ser
5. ¿Tu tío ....*lleva*...... gafas?	tener
6. A mi abuela le ......*gusta*...... leer.	llevar

8. El acento en la antepenúltima sílaba.

Escucha. Escribe únicamente las palabras con el acento en la antepenúltima sílaba. ¡No olvides las tildes!

1. sábado	4. música	7. teléfono	10. jóvenes
2. exámenes	5. número	8. matemáticas	11. última
3. lápices	6. sílaba	9. miércoles	12. árboles

▶ Las habitaciones de la casa

▶a **Coloca los recuadros pequeños en el grande y lee, horizontalmente, el nombre de 16 habitaciones y elementos de la casa.**

A	B
R	A

	C
B	A

F	Á
A	Ñ

	J
P	L

A	C
	S

I	L
I	N

A	R	M	A	R	I	O		S	A	L	Ó	N
A	S	I	L	L	A		C	O	M	E	D	O	R
		H	A	B	I	T	A	C	I	Ó	N	
T	E	R	R	A	Z	A		S	O	F	Á	
	C	U	A	R	T	O	D	E	B	A	Ñ	O
B	A	L	C	Ó	N		S	I	L	L	Ó	N
P	A	S	I	L	L	O		M	E	S	A	
C	O	C	I	N	A		J	A	R	D	Í	N
	T	E	L	E		P	L	A	N	T	A	S

R	M
I	L

A	L
E	D

C	O
	T

I	L
M	E

I	O
	C

T	O
N	

R	D
N	T

▶b **Clasifica las palabras del ejercicio a.**

el	la
armario	
Salón, comedor, sofá, cuarto de baño, balcón, sillón, pasillo, jardín.	Silla, habitación, terraza, mesa, cocina, tele, planta.

► La casa de Hugo

»a Decora la casa de Hugo. Después escribe 10 frases para indicar qué hay y dónde está.

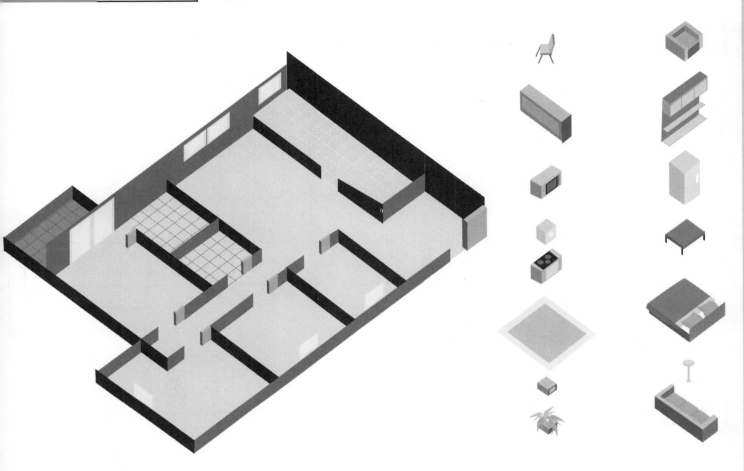

1. *En la casa de Hugo hay una televisión. La televisión está en el salón.* ....
2. ....
3. ....
4. ....
5. ....
6. ....
7. ....
8. ....
9. ....
10. ....

► ¿Dónde se ducha Hugo?

»a Relaciona.

1. Se ducha
2. Se acuesta
3. Juega con su perro
4. Hace los deberes
5. Desayuna
6. Come con sus padres
7. Juega con los videojuegos
8. Toca la guitarra

a. En el cuarto de baño.
b. En el salón.
c. En el comedor.
d. En el jardín.
e. En la cocina.
f. En su habitación.

12 lección

▶ Los muebles y los objetos

»a **Une las dos partes de cada palabra.**

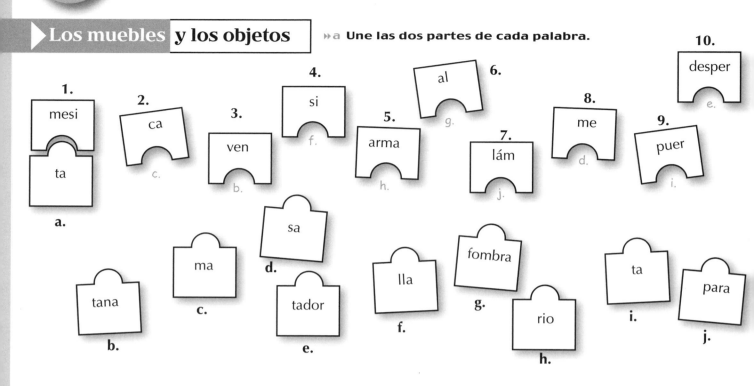

1. mesi / ta — a.
2. ca — c.
3. ven — b.
4. si — f.
5. arma — h.
6. al — g.
7. lám — j.
8. me — d.
9. puer — i.
10. desper — e.

tana — b.
ma — c.
sa — d.
tador — e.
lla — f.
fombra — g.
rio — h.
ta — i.
para — j.

▶ La habitación de Hugo

»a **Escribe las palabras del ejercicio a en los recuadros, con los artículos: el, la.**

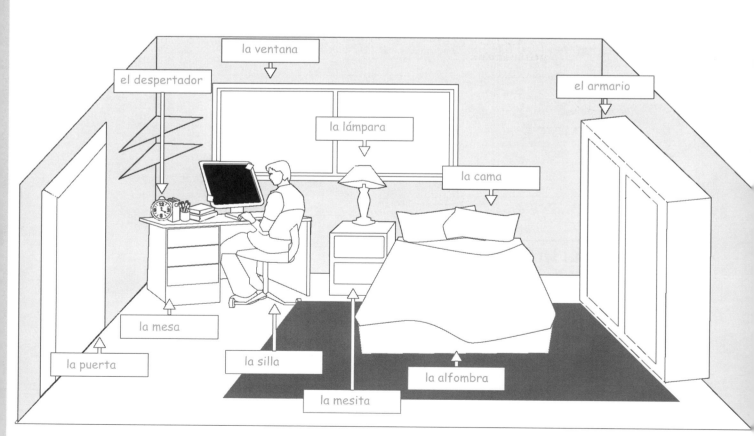

la ventana
el despertador
la lámpara
el armario
la cama
la mesa
la silla
la puerta
la alfombra
la mesita

b Observa la habitación de Hugo y completa la descripción con las palabras de la lista.

mesa
habitación
está
izquierda
Debajo de
despertador
lámpara
encima
hay
ventana

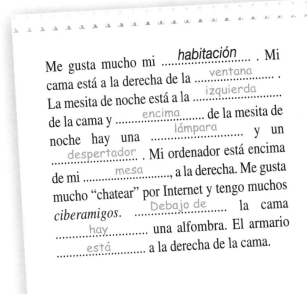

Me gusta mucho mi ..... *habitación* ..... . Mi cama está a la derecha de la ..... *ventana* ..... . La mesita de noche está a la ..... *izquierda* ..... de la cama y ..... *encima* ..... de la mesita de noche hay una ..... *lámpara* ..... y un ..... *despertador* ..... . Mi ordenador está encima de mi ..... *mesa* ....., a la derecha. Me gusta mucho "chatear" por Internet y tengo muchos *ciberamigos*. ..... *Debajo de* ..... la cama ..... *hay* ..... una alfombra. El armario ..... *está* ..... a la derecha de la cama.

▶ **El** **plural**   ▶a **Pon las palabras en plural.**

1. el ordenador ..... *los ordenadores* .....
2. el despertador ..... *los despertadores* .....
3. la alfombra ..... *las alfombras* .....
4. la ventana ..... *las ventanas* .....

5. la pared ..... *las paredes* .....
6. el armario ..... *los armarios* .....
7. la silla ..... *las sillas* .....
8. la cama ..... *las camas* .....

▶ **La mesa** **de Hugo**   ▶a **Escucha, coloca los objetos con flechas y escribe los nombres en la ilustración.**

90/31

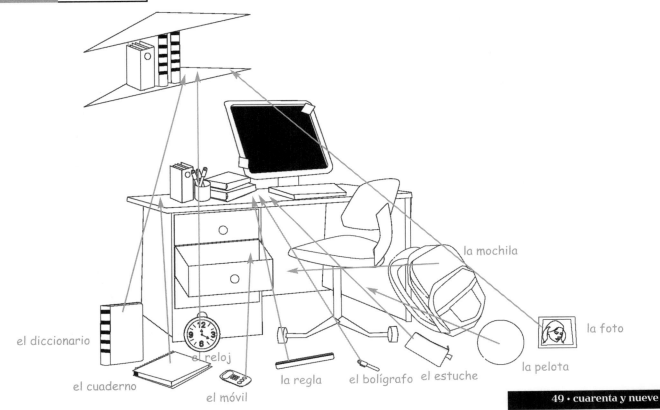

la mochila

la foto

el diccionario

el reloj

la pelota

el cuaderno

el móvil

la regla   el bolígrafo   el estuche

Pasatiempos

La casa de Miguel

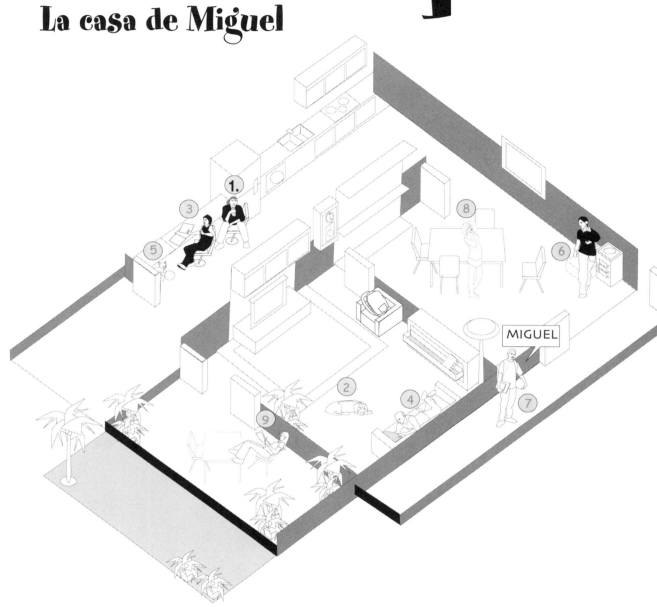

1. ¿Quién es?

Lee las frases, identifica la persona de la imagen y escribe el número correspondiente.

Todos los días a las cinco...

1. Toma de merienda un bocadillo de jamón.
2. Se duerme en el salón.
3. Hace los deberes.
4. Lee cómics en el sofá.
5. Juega con una pelota.
6. Escucha música clásica.
7. Llega del instituto.
8. Habla por el móvil con una amiga.
9. Hace pasatiempos en la terraza.

2. Los muebles y las habitaciones de la casa de Miguel.

Completa el crucigrama.

a.

i.

h.

c.

b.

d.

g.

e.

f.

Crossword answers:
- SALON
- COMEDOR
- SILLON
- MESA
- ARMARIA
- LAMPARA
- TERRAZA
- ALFOMBRA
- SOFA

3. ¿Verdadero o falso?

Escucha y marca la opción correcta.

	V	F			V	F
1.	X			6.		X
2.		X		7.	X	
3.		X		8.		X
4.	X			9.	X	
5.		X		10.	X	

4. Miguel habla con su nueva amiga Bea.

Lee las preguntas de Bea y escribe las respuestas de Miguel.

Bea: ¿Vives en una casa o en un piso?
Miguel: Vivo en una casa.

Bea: ¿Cuántos hermanos tienes?
Miguel: Tengo seis hermanos.

Bea: ¿Cómo son?
Miguel: Tengo dos hermanas rubias y una morena. Tengo dos hermanos morenos y uno rubio.

Bea: ¿Con quién vives?
Miguel: Con mis seis hermanos y con mis padres.

Bea: ¿Tienes animales?
Miguel: Sí, tengo un perro y un gato.

1. *Hay* y *está(n)* y las expresiones de lugar.

Observa la ilustración y relaciona las tres partes de cada frase. Escribe las frases.

1. El gato negro		**a.** un ordenador.
2. A la derecha del gato negro		**b.** un cuaderno.
3. La puerta		**c.** debajo de la mesa.
4. Encima de la mesa, a la derecha,		**d.** a la derecha de los libros.
5. El póster	**está**	**e.** dos libros.
6. Encima de la mesa, a la izquierda,		**f.** una mochila.
7. Los bolígrafos	**están**	**g.** en el estuche.
8. El archivador	.	**h.** a la derecha de la puerta.
9. La regla y el lápiz		**i.** encima del ordenador.
10. Debajo del estuche	**hay**	**j.** a la izquierda de la mesa.
11. El móvil		**k.** en el estante.

1. *El gato negro está debajo de la mesa.*

2. A la derecha del gato negro hay una mochila.

3. La puerta está a la izquierda de la mesa.

4. Encima de la mesa, a la derecha, está el ordenador.

5. El póster está a la derecha de la puerta.

6 Encima de la mesa, a la izquierda, hay dos libros.

7. Los bolígrafos están a la derecha de los libros.

8. El archivador está en el estante.

9. Las reglas y el lápiz están en el estuche.

10. Debajo del estuche hay un cuaderno.

11. El móvil está encima del ordenador.

2. El aula de español.

a. Escucha. Completa las frases con *está, están, hay.*

1. *En las paredes del aula de español hay un mapa de España y un póster de Granada.*
2. La puerta está a la derecha de la pizarra.
3. La mesa del profesor está cerca de la pizarra.
4. Encima de la mesa del profesor hay dos libros y un bolígrafo.
5. Las mesas de los alumnos están cerca de la mesa del profesor.
6. Las mochilas de los alumnos están en las mesas.
7. A la derecha de la mesa del profesor hay una papelera.
8. A la izquierda de la pizarra hay dos ventanas muy grandes.
9. Entre las ventanas y la mesa del profesor hay una tele.
10. Los alumnos están en el patio del instituto.

b. Transforma las frases anteriores: *hay* por *está* y *está* por *hay.*

1. *El mapa de España y el póster de Granada están en las paredes del aula de español.*
2. Hay una puerta a la derecha de la pizarra.
3. Hay una mesa del profesor cerca de la pizarra.
4. Los libros y el bolígrafo están encima de la mesa del profesor.
5. Hay mesas de los alumnos cerca de la mesa del profesor.
6. Hay mochilas de los alumnos en las mesas.
7. La papelera está a la derecha de la mesa del profesor.
8. Las ventanas están a la izquierda de la pizarra.
9. La tele está entre las ventanas y la mesa del profesor.
10. Hay alumnos en el patio del instituto.

3. El acento.

Escucha y clasifica las palabras en la tabla. ¡No olvides las tildes!

◼́ — —	— ◼́ —	— — ◼́
lámpara	mesa - cama	*salón*
árboles	ventana - piso	comedor
teléfono	pasillo - estante	jardín
bolígrafo	sillas	sillón
		sofá

Transcripciones

Módulo 1

Lección 1, Saludos y despedidas.
Hola, ¡buenos días!
¡Buenas tardes!
¡Adiós, hasta luego!
Buenas noches.

Lección 2, Los *ciberamigos* de Elena.
Hola, me llamo Elena. Tengo seis *ciberamigas*: en Venezuela, en Canadá, en Estados Unidos, en Holanda, en Bolivia y en Grecia. Y tengo seis *ciberamigos*: en Francia, en Brasil, en Austria, en Dinamarca, en Bélgica y en Italia.

Pasatiempos.
Mario y tú.
¡Hola! Me llamo Mario. Y tú, ¿cómo te llamas?
Soy Venezolano, de Caracas.

¿Qué lees?
1g, 1n, 1f, 2b, 4j, 1c, 4l, 2e, 2l, 4f, 4a, 3g, 3a, 3i, 3m, 3n, 4e, 1a.

Repasa tu gramática.
Nombres de personas.

1. Julio	4. Carmen	7. Antonio
2. Emilio	5. Marina	8. Pablo
3. Marta	6. Marga	9. Sergio

Los números del 1 al 19.

1. trece	5. dieciséis	9. diecisiete
2. quince	6. cinco	10. ocho
3. ocho	7. catorce	11. cuatro
4. nueve	8. diez	12. doce

Los pronombres personales.

1. soy	7. hablas	13. habla
2. te llamas	8. os llamáis	14. es
3. tiene	9. hablo	15. somos
4. me llamo	10. eres	16. tienes
5. se llama	11. se llaman	
6. son	12. tengo	

Módulo 2

Lección 3, Las cosas de Sonia.
Tengo tres libros, tres reglas, seis cuadernos, cinco lápices, dos bolígrafos, una barra de pegamento, un sacapuntas, dos rotuladores, una mochila, dos estuches, una goma, tres archivadores y una calculadora.

Lección 4, Descubre la imagen oculta.
dos, trece, veintiocho, diecisiete, seis, nueve, treinta y uno, veintiuno, quince, dieciocho, tres, veintitrés, doce, veinticinco, cuatro, ocho, veinticuatro, cinco, veinte, veintiséis, siete, diez, veintisiete, once, catorce, dieciséis, veintidós, veintinueve, diecinueve, treinta.

Pasatiempos.
Amiga 1: ¡Feliz cumpleaños!
Raquel: Gracias. ¡Un libro, qué bien! Gracias.

Alex: Y tú, ¿cuándo es tu cumpleaños?
Marta: El catorce de diciembre. ¿Y tú?
Alex: El dieciséis de agosto.

Julián: Hola, ¿eres amiga de Raquel?
Elena: Sí, me llamo Elena. ¿Y tú?
Julián: Julián.

Norberto: Hola, me llamo Norberto.
Julia: Y yo, Julia.
Norberto: ¿Eres una amiga del instituto?
Julia: No, soy una amiga del equipo de baloncesto de Raquel.

Repasa tu gramática.
Los números del 20 al 30.

1. veinte	5. diez	9. treinta y uno
2. treinta	6. diecinueve	10. veintidós
3. quince	7. diecisiete	11. dieciocho
4. veinticuatro	8. veintiséis	12. veinticinco

El, la, los, las.

1. goma	5. mochila	9. lápiz
2. libros	6. bolígrafo	10. rotulador
3. tijeras	7. pegamento	11. cuadernos
4. archivador	8. calculadoras	12. regla

La sílaba acentuada.

1. nacionalidad	6. postal	11. español
2. bolígrafo	7. nosotros	12. alumno
3. sílaba	8. Bélgica	13. mochila
4. palabra	9. amigo	14. abril
5. rotulador	10. llamar	15. estuche

Módulo 3

Lección 5, ¿Hacemos los deberes?
1. *Chica:* En clase de Inglés describimos fotos.
2. *Chica:* ¿Escribo el nombre de los ríos?

3. *Madre:* ¿Qué deberes tienes para mañana?

   Chica: Aprender una poesía de Antonio Machado.

4. *Chica:* ¿Me pasas el libro, por favor?

5. *Chica:* ¿Escuchamos un CD de Christina Aguilera?

6. *Chico:* ¿En clase de Francés leéis textos?

   Chica: Sí, y conjugamos verbos.

Lección 6, Las asignaturas.

Sandra: Hola, me llamo Sandra. Mis asignaturas favoritas son las Matemáticas, el Inglés y Lengua y Literatura.

Julián: Y yo me llamo Julián. Mis asignaturas favoritas son la Educación Física, la Geografía y la Música. ¿Y tú, María?

María: Pues... la Tecnología, el Inglés y... la Educación Plástica.

Pedro: Hola, soy Pedro. Tengo tres asignaturas favoritas: Ciudadanía, Música y Ciencias. ¿Y tú, Marta?

Marta: Lengua y Literatura, Inglés, Educación Física y...

Pedro: ¿Y Francés?

Marta: No, Francés no.

Pedro: ¿Ciencias?

Marta: Sí, Ciencias.

Pasatiempos.
Hoy es martes.

1. *Marta:* Julio, ¿qué hora es?

   Julio: Las nueve y cuarto.

   Profesor: Julio, ¡silencio!

2. *Marta:* ¡Genial, el recreo!

   Profesora: Marta, ¡silencio!

3. *Marta:* Bea, ¿qué hora es?

   Bea: Espera... Las doce y cinco.

   Profesor: Marta, ¡a la pizarra!

4. *Marta:* Adiós, Bea. Hasta mañana.

   Bea: Chao.

Hugo llama a Marta.

Marta: ¿Sí?

Hugo: Hola, soy Hugo.

Marta: ¡Hola!

Hugo: ¿Qué deberes tenemos para mañana miércoles?

Marta: Sí... espera un minuto... a ver... Inglés: leer el texto de la página 29, escuchar la pista 12 del CD y escribir el texto. Ah... Y conjugar los verbos en presente, también. Matemáticas: hacer el ejercicio 8.

Hugo: ¿Qué tenemos para la clase de Geografía?

Marta: Dibujar en el mapa los ríos de África.

Hugo: ¿Y para la clase de Literatura?

Marta: Para la clase de Literatura... aprender la poesía de García Lorca y contestar a las preguntas.

Hugo: Vale.

Marta: ¿El examen de Matemáticas es el viernes?

Hugo: No, no... es el jueves.

Marta: ¿El jueves?

Hugo: ¡Sí!

Repasa tu gramática.
Las formas verbales.

1. describimos	8. aprendes	15. se llama
2. conjugo	9. escribes	16. escribe
3. respondemos	10. hablamos	17. tengo
4. soy	11. lees	18. tienen
5. responden	12. hace	19. tenéis
6. leéis	13. hago	20. responde
7. dibujamos	14. escucháis	

El acento en la última sílaba.

profesor, cantar, foto, página, marrón, pregunta, actividad, veintitrés, español, inglés, escribís, escuchamos, examen, color, amarillo, azul, bolígrafo, francés, veintidós, usted, agosto, abril, sábado, primavera, cumpleaños, edad, Perú.

Módulo 4

Lección 8, El género.

Tengo una mochila azul y dos libros verdes.
Tengo dos archivadores naranjas y un cuaderno violeta.
Tengo una bici roja y un gato gris.
Tengo dos cuadernos verdes y gafas rosas.
Tengo dos calculadoras amarillas y tijeras grises.
Tengo una regla verde, dos gomas violetas y tres libros rojos.
Tengo gafas marrones, tres libros azules y dos mochilas negras.

Pasatiempos.
En el Club.

A Elena le gusta leer.
A Juan le gusta Internet.
A Alicia le gusta ir en bici.
A Pedro le gustan los videojuegos.
A Patricia le gusta tocar la guitarra.
A Marcos le gusta jugar al baloncesto.
A Marta le gusta dibujar.
A Pablo le gustan los perros.
A Beatriz le gusta escuchar música.

Repasa tu gramática.
Los objetos y los colores.

Los bolis son verdes, los sacapuntas son grises, las tijeras son rojas, la regla es azul, la mochila es violeta, la goma es rosa, el cuaderno es negro, los libros son amarillos, el estuche es marrón, el archivador es blanco y los lápices son naranjas.

La forma negativa *no*.

1. Carmen y Carolina van al instituto andando.
2. Las clases empiezan a las ocho y media.
3. Escuchamos canciones en inglés con el profesor.
4. El libro de Francés es rojo.
5. La mochila de Beatriz es verde.
6. Te gustan las Matemáticas.
7. Los lunes tenemos Historia.
8. Los martes voy a casa de mi amigo Alberto.
9. Los martes salís a las cuatro y media.
10. Nos vamos a la cama a las diez menos cuarto.

El acento en la penúltima sílaba.

cantante, capital, fútbol, bici, verde, miércoles, alemán, lunes, cantas, Víctor, nosotros, dibujamos, Madrid, amarillo, lápiz, marrón, canción, profesor, once, jóvenes, febrero, otoño, música.

Módulo 5

Lección 9, ¿De quién es?

1. Tengo una mochila azul.
2. Tienes un tío argentino.
3. Marcos tiene un primo inglés.
4. Tengo *ciberamigos* alemanes.
5. Tenemos un amigo francés.
6. Tienes dos estuches blancos.
7. Tienen una abuela colombiana.
8. Tienes una amiga venezolana.
9. Nieves tiene gafas rojas.
10. Tenemos libros verdes.
11. Tienen primos italianos.
12. Tenéis un gato negro.
13. Sara tiene una tía boliviana.

Juego de espías.

1, 5, 7, 9, 11, 15, 17, 18, 21, 22, 25, 26, 27, 29, 30, 35, 37, 41, 45, 48, 54, 57, 59, 63, 66, 73, 77, 80, 86, 87, 90, 92, 94, 95, 96.

Lección 10, ¿Cómo es Julián?

Me llamo Julián, Julián Merino Sánchez. Tengo 13 años. Mi cumpleaños es el doce de agosto. Vivo en Salamanca. Soy moreno y tengo el pelo corto y liso. Tengo los ojos marrones. Tengo dos hermanos (Marcos y Julio). También tengo un perro. Mis colores favoritos son el azul y el naranja. Mis actividades favoritas son ir en bici, navegar por Internet y jugar al fútbol. ¿Y tú?

Pasatiempos.

El cumpleaños de la abuela.

David es rubio y tiene el pelo corto. Tiene 13 años.

Miguel, su hermano, es bajo y delgado. Es rubio y su pelo es corto y liso. Lleva gafas. Tiene 11 años.

Su madre, Cristina, es alta y delgada. Es rubia, su pelo es corto y rizado.

Antonia, la abuela, es baja y un poco gorda. Tiene el pelo blanco, corto y rizado. Lleva gafas.

Su marido, el abuelo Arturo, no es muy alto. Es calvo. Lleva barba blanca.

Paco, el padre de David y Miguel, el hijo de la abuela Antonia y el abuelo Arturo, es alto y un poco gordo. Es calvo y lleva bigote. Es el marido de Cristina.

Felipe, el hermano de Paco y el tío de David y de Miguel, no es muy alto y es un poco delgado. Es calvo y lleva barba.

Marina, su mujer, es alta. Es rubia y tiene el pelo largo y rizado.

Sonia, su hija, la prima de David y de Miguel, es alta y delgada. Es morena y tiene el pelo largo y liso.

Repasa tu gramática.

Los números.

1. cuarenta
2. sesenta y dos
3. noventa y cuatro
4. treinta y siete
5. ochenta y uno
6. setenta
7. dieciséis
8. ochenta y seis
9. cuarenta y siete
10. sesenta y nueve
11. noventa y tres
12. veintidós
13. treinta y cinco
14. setenta y cuatro
15. cincuenta y dos
16. diecinueve
17. cien
18. quince

El acento en la antepenúltima sílaba.

sábado, asignatura, instituto, exámenes, lápices, música, compañeros, número, sílaba, escribir, teléfono, escuchar, matemáticas, naranja, marrón, madre, miércoles, jóvenes, describimos, última, árboles.

Módulo 6

Lección 12, La mesa de Hugo.

1. El reloj está en el estante, a la izquierda.
2. La mochila está debajo de la silla.
3. El diccionario está en el estante, a la derecha.
4. El bolígrafo está delante del ordenador.
5. El cuaderno está encima de la mesa, a la izquierda.
6. El estuche está entre el bolígrafo y el cuaderno.
7. La pelota está al lado de la silla, a la derecha.
8. La regla está detrás del estuche.
9. La foto está entre el diccionario y el reloj.
10. El móvil está en el cajón.

Pasatiempos.

¿Verdadero o falso?

1. La planta está a la derecha de la puerta.
2. El gato está encima de la mesa de la cocina.
3. El armario está enfrente del sofá.
4. La alfombra está delante de la tele.
5. Hay dos libros en el armario.
6. Las fotos están encima de la mesa del comedor.
7. Hay plantas en la terraza.
8. La mochila está encima de la mesa.
9. El sillón está a la derecha del sofá.
10. Debajo de la mesa del salón hay una alfombra.

El acento.

Salón, mesa, cama, lámpara, ventana, piso, comedor, pasillo, jardín, estante, sillón, árboles, sofá, sillas, teléfono, bolígrafo.